高校教育管理创新实践与艺术教育研究

GAOXIAO JAOYU GUANLI CHUANGXIN SHIJIAN
YU YISHU JIAOYU YANJIU

汪一丁　梅沁芳　郭春龙◎著

中国原子能出版社
China Atomic Energy Press

图书在版编目（CIP）数据

高校教育管理创新实践与艺术教育研究 / 汪一丁，梅沁芳，郭春龙著 . —北京：中国原子能出版社，2023.7

ISBN 978-7-5221-2844-3

Ⅰ . ①高… Ⅱ . ①汪…②梅…③郭… Ⅲ . ①高等学校 - 教育管理 - 研究②艺术教育 - 教育研究 - 高等学校 Ⅳ . ① G640 ② J114-4

中国国家版本馆 CIP 数据核字（2023）第 134949 号

高校教育管理创新实践与艺术教育研究

出版发行	中国原子能出版社（北京市海淀区阜成路 43 号　100048）
责任编辑	王　蕾
责任印制	赵　明
印　　刷	北京天恒嘉业印刷有限公司
经　　销	全国新华书店
开　　本	787 mm×1092 mm　1/16
印　　张	12.75
字　　数	203 千字
版　　次	2023 年 7 月第 1 版　2023 年 7 月第 1 次印刷
书　　号	ISBN 978-7-5221-2844-3　　定　价　**88.00 元**

前 言

随着我国社会的不断发展，培养高水平、高素质的应用型综合人才成为新时代教育的发展趋势。21世纪以来，我国高速发展的社会需求和人才需求都给高校教育管理提出了更高的要求，如何解决目前的问题和困难就成了当前高等学校教育管理最关键且最重要的工作。艺术教育是美育的重要组成部分，是教育的基本要素之一，对培养高素质、综合型人才至关重要。在需要提升国民素质的时代大背景下，高校要大力发展艺术教育，提高人才培养质量，提升学生的综合素质，要通过现代的教育管理方式促进艺术教育专门化、专业化、质量化发展。

本书以我国高校教育管理与艺术教育为主要研究对象，从高校教育管理的基础理论出发，侧重于高校学生管理，结合艺术教育的作用，从多个角度细致而全面地讨论了我国高校教育管理的概况与艺术教育的基本理论，不仅分析了当前我国高校教育管理现状与高校艺术教育人才培养模式，而且结合国外有关经验和生本理念，循序渐进地论述了高校提升大学生管理和艺术教育管理水平的策略与方法。本书对从事我国高校管理工作和艺术教育及相关领域的研究人员具有一定的参考价值。

本书在撰写过程中参考及引用了部分文献资料，在此向有关作者表示感谢。由于笔者水平有限，时间仓促，难免有疏漏之处，敬请各位同行、专家提出修改意见及建议。

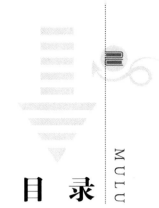

目 录 MULU

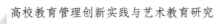

第一章　高校教育管理基本理论概述

第一节　高校教育管理的内涵与职能

当今时代，国际竞争日益激烈，人才已经成为社会经济发展、国家综合实力提升的前提和必要条件。因此，人才培养是我国社会发展的重中之重。作为最重要的人才培养基地——高校，自然对教育与管理提出了更高的要求和标准，只有这样才能保证培育出社会所需人才。当前，中国高等教育肩负着培育人才的重担，要实现这一目标，必须经历一个漫长且复杂的过程，而这一过程往往充满挑战和困难。换句话说，目前我国高校教育管理正面临着很多问题和困难。

一、高校教育管理的内涵

（一）正确理解管理的内涵

"管理"起源于人类的共同劳动，贯穿人类社会的一切发展阶段。可以这样说，凡是有人类活动的地方，就必然存在着管理。"管理"是一项多元化的科学概念，它从各种视角提出了各种规则性。例如，经济学家认为管理工作是生产劳动的基础，缺少管理工作就缺少产出；社会学家则认为管理工作是一项权力结构；而政界则将管理工作视为一项阶层和社会地位结构，与社会生产关系和上层建筑密切相关。

要对管理的内涵有正确理解，笔者认为，应当从管理的本质上加以把握。马克思曾经指出，管理是一种协调活动，它不仅要求个人的活动能得到有效的协调，而且要求社会劳动或共同劳动能有效地完成产品总体的运动，不同于单纯的运动，它具有更广泛的一般职能。一个拥有独立指挥能力的人，可以自己指挥乐队，而一个乐队，则需要一位指挥来协调整个乐队的氛围——"指挥"就是这样。管理可以协调各乐手统一演奏，只有通过协调，乐队才能演奏出美妙的乐章。管理工作的核心内容是明确总体目标，并通过协调来达成这个总体目标。明确总体目标意味着活动应该有明确的目标，而科学的决策则是将总体目标作为重要的内容，以促使总体目标达成。显然，管理工作的实质在于明确总体目标，并通过协调来达成这种总体目标。

综上所述，管理是处于一定组织中的管理主体，通过一定的管理方式，对有关资源（管理客体）进行合理配置和有效利用，达到既定组织目标的一种协调活动。管理的内涵，主要包括以下几个方面的要点。

1. 管理的目的是实现既定的组织目标

管理是指活动的过程，它是活动的切入点，也是活动的归宿，更是衡量组织经营活动效果的重要标准。它旨在帮助管理者实现其总体目标，以达到最佳的管理效果。控制的目标应该是组织的整体目标，而非个人的具体目标，因此，没有任何一种控制方式能实现无控制的目标，而是要求组织内部的成员共同努力，以达到组织的整体目标。

2. 管理的本质是协调

《现代汉语词典》提出，协调指的是"配合得适当""使配合得适当"。法国管理实践家、管理学家法约尔认为，协调是公司内部各项工作之间建立良好关系，以确保经营的顺利，并有助于公司取得成功。就词性而言，"协调"既可以是动词，表示一种动态的过程，具体而言，就是合理配置各种管理资源，沟通各种管理要素之间的关系；也可以是名词，表明这种动态过程要达到的目标，即要使各种管理要素之间的关系处于和谐圆融的最佳状态。作为管理的核心，协调是管理过程中不可或缺的一环，它贯穿各个阶段和层次，使管理活动能更有效地实施。此外，各种管理技术和方法的出现与运用也是为了更好地实现协调，从而提高管理效率。管理是一种复杂的协调活动，既涉及生产力和社会化大生产的共性，也涉及个性，这两者在本质上是相互联系的。

3. 协调产生于组织之中

管理不能脱离组织而存在，协调必定产生于组织中。组织是一个由多个成员组成的团体，旨在实现共同的目标。然而，由于各成员之间的意见和行动存在差异，协调成为组织运作的必要条件。因此，组织应该努力建立一个有效的沟通渠道，以促进成员之间的合作，实现共同的目标。

4. 协调的对象是组织中的各种资源

管理都是对人、财、物、信息、时空的管理。管理工作是一种有效的方式，旨在充分利用组织内部资源，以达成组织的目标。因此，组织中的上述资源便成为管理协调的对象。通过协调，高校可以有效地利用规划、机制、指令、引导和监控等职能，对社会机构人力资本进行分析和利用，以最少的投入获取最大化的经济和社会利益。

5. 人是协调的中心

管理的核心是人，而组织中的资源（如人、财、物等）则是管理的客体。因此，任何组织都存在着人与人、人与物之间的关系。而财、物等客观存在的事物，之所以能成为管理的客体，是因为人们具有主动性，他们可以通过实践活动，将原本不属于管理范畴的事物变成管理对象。人是管理的核心，他们不仅是客体的中心，也是财、物管理的核心。因此，管理的本质就是协调人与人之间的关系，人是管理的核心，而财、物管理则是以人为中心，通过人来实现。管理以人为本，因此协调应以人为核心，所有的协调活动都应以人为中心，任何资源的分配也都应以人为重点，以确保达到最佳的管理效果。

6. 协调是一个互相影响、互相作用的过程，它涉及管理主体和管理客体之间的关系

管理作为一种协调活动，离不开管理的主体和客体。管理工作的主体是管理人员，他们通过职位、品质和教养来限制被管理人员的思想与行为，从而使被管理者依照管理者的意愿活动。被管理人员也不是消极被动的，而是积极参与管理工作过程，他们不仅要根据自身的价值理念、方式和品德准则进行研究和判断，还要积极参与管理工作，以便更好地达成目标。管理者应该以自身的态度和言行直接影响被管理者，从而实现协调。然而，

在这个过程中，管理者（尤其是管理层中的领导者）应该特别注意正确运用自身的影响力和方式，以使被管理者更好地理解和接受他们的决定。

（二）正确理解教育管理的内涵

高等教育是人类进步的重要途径，它不仅是一种遗传方式和交流方式，更是一种自我再生产和再创造的过程。素质教育的最终目标是让受教育者将外部的社会经验转化为自身的才智和能力，进一步发展他们的聪明才智和体能，培育他们的道德，激发他们的兴趣和爱好，促使个人健康发展，以满足社会的需求。教育组织（如高校）作为一个培养人才的机构，其中心工作是培养受教育者的能力和素质，而这一教育目标的达成，不仅需要专业教育人员的努力，还需要教育管理者的精心策划和有效实施。英国教育管理学家托尼·布什曾指出："教育管理不仅是一项平时运作的活动，更是一种课程，它将为学生提供全面的发展机会。"笔者认为，教育管理是一种协调活动，旨在通过有效利用教育资源，满足社会的需求和教育规律，推动人类再生产力，进而使教学为社会提供服务。教育管理是"教育管理者按照一定社会的要求和教育规律，通过一定的管理方式对有关资源进行有效利用，达到为促进人类自身再生产从而使教育为一定社会服务的一种实践活动"[①]。因此，教育管理者应当根据社会经济的需要和教育自身的发展规律，采取有效的管理方式，以实现素质教育的有效运作，进而达到发展社会经济的目的。

（三）高校教育管理的内涵与特点

高校教育管理是一个复杂的系统，它不仅要求教学、行政和学生思想政治工作都有效地实施，而且要求不断更新，以满足时代发展和社会变化的需求。教学管理是高校教育的核心组成部分，具有至关重要的作用。高校教育管理有自己独特的特点，具体包括以下六个方面。

1. 整体性

高校教育管理是一个具有内在统一性的完整体系，它必须以体系论的观点和方式建构，从而成为一个相互协调、相得益彰的总体。改革高校教

---

① 康翠萍. 关于教育管理本质的再探讨［J］. 教育理论与实践，2000（2）：27-34.

育管理体系也必须从全面的角度出发，以达到良性运转和发展的目的。在管理实践中，各部门之间的协作配合是促进学校甚至整个高等教育体系发展的关键。

2. 动态性

随着时代和社会的发展，高校教育管理不断演进，并且处于一个动态变化的状态。人的因素在教学管理工作过程中发挥着重要的作用，它不仅影响着管理者、教师和学生之间的相互交流，也会影响人物、时空等的变动，还会影响到信息、能量等的流动。因此，高校教育管理者应该依据管理对象和具体情况的变动情况，及时调整规章制度，确保教育管理的有效实施。

3. 学术性

高校是重要的学术机构，它通过学术研究和文化教育推动社会的发展。课程管理工作是高等学校教育的核心部分，它旨在培育具有专业技能的社会主义建设人才。因此，高校的管理人员应该具有专业的管理工作能力和文化素养，并且应该具有超前的教育管理思想和专业意识，并非停滞不前，仅凭经验来决策。要通过研究和总结教育工作的规律，将其转化为有效的教育管理制度，使其具有学术精髓，从而提升管理水平和质量。

4. 导向性

教育管理是一种有目的的行为，旨在实现学生的全面发展，并确保学校价值观得到充分体现和维护。在我国，社会主义核心价值体系是高等学校教学管理的核心，它要求高校以培养为主旨，以教书育人理念为指导，有效地实施教育政策和组织教学活动，以提升人才素质，促进人的终身成长，促进高等教育的可持续健康发展。

5. 民主性

高等教育是一种充满活力的精神活动，需要民主的氛围推动其发展，而教师和学生则是这种活动的核心，也是教育管理的重要参与者。只有在民主的环境中，才能真正实现科学精神的追求。民主是高等教育管理的基础，它为教育提供了活力和创新。实行民主化是促进高等教育发展的必要步骤。

教师和学生是高校教育管理的核心对象。从教育供需的角度来看，教师和学生既是教育者，也是受教育者，二者是教育供需关系的主体。因此，高教管理工作必须尊重教师和学生的权利，平等对待他们，并且充分考虑他们的需求，以激发他们的自主性和积极性。

6. 服务性

高校教育管理是高校教育的重要组成部分，它不仅要求师生具备自主意识和自由精神，还要求他们能有效地协调各种资源，以达到培养高级人才、科学研究、社会服务和文化继承与创新的目标。因此，高校教育管理既要求师生具备良好的学习习惯，还要求他们有效实现自身的发展目标，从而促进高校教育的发展。

二、高校教育管理的职能

（一）决策与计划的职能

决策与计划是高校教育管理的核心职能，它们为学生提供了明确的发展方向、明确的目标、明确的原则、有效的方法和有效的手段。计划是根据决策和目标的要求，进行统筹安排，拟定实施方法和程序，制定相应的策略、政策等；决策是管理工作的基础，计划则是将决策转化为具体行动的重要手段。教育管理计划包括教学规划、教学计划、教学政策法规和教育管理工作计划等。教学规划是学校教学工作整体的、较长远的发展设想和计划，包括规模、方式、方法等的总体目标和方向；教学计划是学校组织实施教学的总体设计，包括培养目标、规格、课程设置和要求、学时和教学环节分配等多个方面；教育政策法规是国家为了实现教育目标制定的规章制度，旨在确保学校有效实施教育，并且有效地组织和管理教学工作，包括招生、毕业、师资培训等。因此，教育管理计划是一个涵盖多个领域的系统，对于教育管理体系来说其功能至关重要。

（二）组织与实施的职能

组织与实施是教育管理系统的又一核心职能，旨在根据决策目标的要求，将系统中的各种要素和成分有效地组织起来，以实现教育管理计划的有效实施。这一功能包括组织、实施、评估、调整、控制、考核、奖励、激励等多个方面。

1. 组织设计的职能

为了达成目标，高校需要建立一个有效的管理组织架构，以确保其合理性和有效性。为了达到教育课程的总体设计业务要求，高校将教学活动任务分解成若干个具体的任务，并将各项任务进行整合归集，划分职能，配置职能小组，如按教学班配置教学班组，按学术专业配置教研组等；同时，高校还要精心挑选和配置师资和管理者，明确他们的责任，并授予他们组织和管理教学活动的相关权力。此外，为了协调组织机关的职能联系和内容沟通联系，高校还要制定各项规范，如教师工作责任、教育管理制度等。不是每项工作都需要成立组织机关负责管理，而是要根据不同时期的任务目标，积极组织有效的力量，明确分工，授予权力，并协调各方联系，以有效地进行管理工作。

2. 组织执行的职能

组织执行是一种有效的管理行为，旨在保证规划的有效执行。它的基本内容包括：统一总体目标，使全体教职员工在总体目标认知上保持一致；统一组织指令，保证体系内的所有管理工作都能按时、按量、按质执行；每个人都有责任，要发挥自身的才能，职务、权力和责任相统一，使所有教师和员工明确自身的职能、工作范围、岗位要求以及合作伙伴关系；统一工作步骤，保证各项任务按计划有序进行；通过组织实施，使行动计划得到有效落实。

（三）指挥与协调的职能

指挥与协调也是教育管理系统的重要职能，是管理中缺一不可的部分，它们相互补充、相互完善。指挥者依靠行政权威，指导下属按照指令进行活动，而协调则是解决管理中各阶段、各元素之间的不协调性问题，以达到更好的管理效果。教育管理协调的主要目的是通过计划、沟通和调整等方式，统筹学校教育与社会系统之间的关系，各类成员、组织和部门之间的关系，以及管理中的各个环节和各项工作。此外，还要协调教育系统内部的课堂与课外之间，以及教学内容与教学手段之间的关系，以保证教学质量和效果。

（四）监督与检查的职能

监督与检查是实施教育管理过程的重要职能。监督就是察看并督促；检查是一种全面的考核，旨在保证预测的准确度、政策的有效性、目标的整体性、计划方案的可行性以及实施计划的有效性。它不仅能发现自己管理中的缺陷和困难，还能发现自己管理中的优点和成功经验，从而有效地弥补缺陷，推广经验，促进工作进步。

（五）评估与监控的职能

评估与监控是教育管理的重要组成部分，尤其是在现代教育管理中。评估包括科学分析和价值判断，它们可以帮助高校更好地了解教育效果和发展目标之间的差异，为决定和监控提供必要的信息；监控则是依据评价结果，修正计划执行中的误差，保证教育目标的实现。评估与监控是教育管理系统中不可或缺的一部分。

（六）总结的职能

总结是教育管理活动的重要组成部分，它不仅是一个周期的结束，也是下一个周期的开始，具有承前启后的作用。总结是教育管理活动中不可或缺的一环，它要求采用科学的方法对一个时期内的工作进行全面系统的评估，以肯定成果，发现不足，归纳教训，探讨发展规律，指明未来的发展方向。总结不仅有助于累积管理方法，提升学校管理人员的技术水平，促进教育管理的科学性，还有助于进一步提高该校的生活质量和管理效能。

第二节　高校教育管理的研究对象及其分类研究

一、高校教育管理的研究对象理论概况

国内外学者对高校教育管理研究对象的定义，从理论角度来看，主要有以下几种。

首先，以教育管理工作现状为研究对象。比如，我国学者孙绵涛认为，"教育管理现象不是一个单一层面的现象。它由教育管理活动、教育管理体制、

教育管理机制和教育管理观念四个具有严密逻辑关系的不同层次的范畴体系所组成"[1]；安文铸认为，"教育管理现象不是单纯的教学或者日常活动现象，它更深入本质地涉及教育过程当中的人文、文化、氛围等，而且教育管理现象更多的应该偏重于学校未来的建设和思考当中"。

加拿大学者、国际知名教育管理学家格林菲德认为，"教育管理现象实际上就是高等教育运行过程中的各种行为现象研究"。德国哲学家黑格尔坚持现象与本质的辩证，"发展了的映现就是现象，因此本质不在现象之后，或现象之外，而即由于本质是实际存在的东西，实际存在就是现象"，因而认为"教育管理现象其实就是对教育管理现象与本质的研究"。外国学者维罗尔等认为，"教育管理现象其实就是教育管理中的各种结构及其功能的研究。教育管理研究归根到底还是对教育过程中各种人物、问题以及阶级层面不同利益等问题的研究"。

其次，以教育管理规律为研究对象。我国学者萧宗六认为，不同国家有着各自不同的教育现象，因此应当尊重不同教育现象下各自的发展规律；英国教育学者奥康纳认为，教育管理有规律可循，同时他提出"仅凭过去所了解和掌握的那一点有关人的科学的规律和教育管理的规律，要搞好教育管理工作，那是困难的……要及时、准确、深刻地认识教育管理的实在性和加快教育管理现象实在性的科学研究"。

最后，有学者以教育活动、教育管理问题、教育管理过程等为研究对象的研究。如我国学者陶增骈认为，"高等教育管理学是一门科学地管理高等教育和高等学校的学科，它的研究对象是高等教育系统的管理活动"[2]；陈孝彬认为，"教育管理的目标应该针对不同的人群进行划分，从而针对不同的个体有目标、有针对性地进行教育"[3]，"教育管理学是研究教育管理过程，揭示教育管理规律的学科"；吴志宏认为，"教育管理学以各级各类教育

---

① 孙绵涛. 关于教育管理本质的探讨［J］. 华中师范大学学报（哲学社会科学版），1998（3）：68-72.

② 陶增骈. 高等教育管理学［M］. 沈阳：辽宁人民出版社，1987.

③ 陈孝彬. 教育管理学［M］. 北京：北京师范大学出版社，1909.

组织和机构的管理现象、管理过程和管理规律为其研究对象"①。

二、针对我国高校教育管理实施对象的研究及其分类

本书中，笔者根据我国高校教育管理实施涉及的对象，进行了分类及研究论述。

（一）对高校学生的教育管理

高校学生管理是高校教育管理系统的重要组成部分，在高等教育改革和建设中占有很重要的地位。对高校学生的教育管理，研究对象是高校在校的全体大学生。高校学生管理研究的主要任务，就是以马克思主义基本原理为指导，以教育科学、管理科学的基本规律为基础，总结高校学生管理的实践经验，揭示高校学生管理活动的一般规律，为学生管理工作提供理论指导，实现学生管理工作的科学化、理论化、系统化，为实现高等学校的培养目标服务。

1. 当代大学生的普遍特性

当代大学生拥有独特的个性、早熟的思想和信念，还拥有不同于他人的思维、生存理想和行为方式，这些特点使他们在社会中脱颖而出。然而，他们缺少动手能力和抗挫折能力，也缺少对未来人生规划的能力，这一切都制约了他们的蓬勃发展。当代大学生的个性特征往往表现为生理早熟和心理晚熟，因此，如何有效地指导他们的思想政治健康发展，以及如何有效地进行教育教学，已经成为许多高校面临的重要挑战。

2. 加强高校学生教育管理的方法

（1）人性化管理

高校在学生管理中实施人性化管理，就要把学生放在学校管理的首位，加强对学生心理、信念、价值观、情绪、个性需求等和"人"密切联系的方面的重视；加强对学生的人性化关怀，在个性化的管理中保证学生的个

---

① 吴志宏. 探讨新世纪教育管理学研究的走向［J］. 华东师范大学学报（教育科学版），2002（2）：1-5.

性发展，为学生的学习和成才提供全面的服务。

素质教育的核心目标是促进人的全面发展，而大学生素质教育则致力于培养学生的全面发展和进步。当今社会是一个多元文化的社会，教育的方式、手段和理念也在不断变化，以满足不同社会群体的需求，促进社会的发展和进步。因此，在教育的整个过程中，高校应该坚持"以人为本"的教育宗旨，努力推行和巩固个性化管理工作，以促进学生的全面发展。

（2）柔性管理

柔性管理是一种全新的管理模式，是基于企业管理新理念而生的。它以激发员工的积极性和创造力为基础，旨在通过提供更多的机会和挑战，让员工在企业中发挥最大的潜能，从而实现企业目标，并让员工在组织中获得更多的认同感。

基于柔性管理模式，高校应该以尊重个人为前提，采用先进的管理理念，以便更好地管理学生，充分发挥学生的创造力，从而满足当代学生对个性化管理的需求。

首先，从管理理念出发，转变为以服务为导向的管理模式。高校管理人员应该以全面的视角来对待每一个学生，通过与他们的深入交流，了解他们内心的真实想法和成长经历，并给予他们有效的建议和指导；同时，要以成长的目光来对待学生，允许他们在成长中犯错，并以宽容的态度对待他们，而不是指责他们。

其次，管理工作者在与学生交流时，应当注重细节，及时发现大学生的思想变动，并与他们开展有效的交流。在制订管理计划和目标时，应该充分考虑学生的个性特点和能力，以确保管理计划的高效实施。

再次，采用民主管理的方式。民主管理是一种有效的方式，通过鼓励学生参与制定与他们自身利益相关的规章制度，培养他们的责任感和主人翁精神。管理者应该积极倾听学生的意见和建议，并以关心、爱护、理解、支持和激励学生为出发点，努力改进管理中的不足之处。

柔性管理对教学人员的自身素质提出了更高的标准，需要他们倾注更多的精力和情感，以便更好地指导学生，使他们在学习过程中能更好地发挥自身的潜能。作为一个优秀的教育管理工作人员，不仅需要有出色的业务能力，更要有良好的人格修养，以便在工作中更好地发挥自己的作用。因此，教育管理工作人员应该不断学习，提升自己的素质，以便更好地服务于学生。

最后，注意心理管理的作用。心理管理是一种重要的管理活动，旨在帮助学生改善心理状态，并通过影响和引导来促使他们形成共同的心理意志。然而，我国高校学生存在心理健康问题的比例正在不断上升，表现为情绪抑郁、脆弱、过度功利化，以及在学业和人际关系方面存在问题等。大学生正处在人生道路上一个过渡和不稳定时期，也是成年人过渡中生理和心理上的转折期，他们尚未完全具备成年人具备的一切特征和能力，社会上一切因素都会导致他们的心理处于一种不稳定、不平衡的状态。如果没有良好的社会条件，没有及时正确的引导，就会在他们情绪、行为和性格特征上发生种种问题，出现心理上各种不良反应或不轨行为，可能成为导致各种精神障碍的诱因。[①] 在心理管理的过程中，信息沟通的方式和技巧是非常重要的。为了防止心灵工作的损失，教育管理工作人员应当放低姿态，以平易近人的姿态与学生交流，在他们面前抛弃平时的严厉和冷漠，用温柔的语言和理性的思维来引导他们，让他们接受教育管理工作人员的建议和指导。语言是一门艺术，它能让师生沟通更加有效。因此，教育管理工作人员应该注意语速、语调和节奏，以便与学生进行有效的交流，让他们感受到教育管理工作人员的尊重和重视。为了让他们更好地适应校园的环境，高校应该创造一个轻松愉快的氛围，并且要深入理解他们的心灵天地，尊重他们的差异，鼓励他们积极参与校园的各项社会活动，让他们更好地了解社会实际，提升心理素质，促使他们身心健康和快乐地成长。

另外，实施网络信息化管理工作。这是一个系统化过程，要求校内各部之间的协调配套。由于目前大多数高校采用多校址办学，管理成本增加。为此，应该利用平台开展政府部门间的信息沟通交流活动，包括学生之间与各部门之间的互动，并将互动成果适时传递给他们，以提高管理效率和质量。各部门领导应该在公众接待日适时回应他们的疑问，并听取他们对

---

① 何天香，杨惠良，范新亚，等. 当前形势下大学生教育管理新机制的初步探索［J］. 教育实践，2020（3）：161.

该校管理工作和发展规划的建议，同时，让他们就此给出自己的意见，而各部领导也应该现场解决相应难题。采用多种方式增强互动，如校内BBS、辅导员QQ群或微信群，辅导员QQ群和微信群是学生表达自身观点的重要渠道，它们能有效地帮助学生解决即时性问题，提高工作效率，达成教育管理工作的目标。

（二）对高校教师的教育管理

1. 高校教师的素质结构

（1）坚定的政治立场

高校教师是拥有崇高理想和优良品德的人，他们具备正确的政治立场、价值观、良好的师德，科学的教育理念、教育方法，崇高的职业精神。

（2）强烈的爱国主义精神

爱国主义精神在教师的职业活动中得到了充分体现，他们热爱岗位、热爱学生，工作尽心尽力。第一，教职工应当以投身祖国建设、关爱学生、奉献教育工作为宗旨，努力培养"四有"人才；第二，要珍视和传承祖国优良的传统，成为先进社会文化的传播人；第三，要将爱国主义教育融入教书育人的整个过程，在日常交往中体现出来，培养担当民族复兴大任的时代新人。

（3）丰富的专业知识

教师扮演着传播知识和培养学生能力的重要角色，应该拥有丰富的学科专业知识和经验。第一，教师应该获得专业学科的资格认证，并且拥有坚实的学科专业知识和经验，还应该拥有较强的自主动手实践才能。第二，教师应该拥有坚实的高等教育和社会心理学基础知识，以便将这些基础知识融入学生的心智构成，使他们拥有更加全面的发展。此外，教师还应该深入理解学生的特征，以便良好地进行教学。第三，教师应具备丰厚的文化底蕴，并拥有出色的分析和解决问题的能力。在教学中，教师不但要传授知识和技能，更要培养学生使用分析方法解决实际问题的能力，以提升学生学习效果。

（4）较强的工作能力

工作能力是顺利完成教育教学活动的本领，是影响教学效果和教学质量的关键性因素。教师应具备的能力如下。

第一，组织能力。组织能力是教师的核心技能，包括组织课堂活动、协调学校内外资源、运用集体智慧和创造性思维等。这些能力对于教师的教学和学生的成长都至关重要。

第二，表达能力。表达是教师必需的基本功，包括语言表达、非语言表达和运用现代化教学工具。教师应该准确地表达自己的想法，并吸引学生的注意力，使他们可以接受和了解所讲的内容；教师的书面语言表达非常重要，应该注重语言的准确性、内容的概括性和结构合理性；教师还应该具备良好的非语言表达能力，可以运用适当的肢体语言来传达信息，使学生感受到教师的关怀和尊重。此外，现代化教学手段的运用是教师能力的重要体现。

第三，交往能力。教师应该具备良好的人际交往技巧和与学生沟通的能力。

第四，创造力。教师的创造力体现在他们能够方法独特地解决教学问题，并且能够提供高效的教学方法。这需要教师具有新颖的观念和丰富的想象力。

第五，科学研究能力。科学研究能力是指教师在教学过程中，能深入探索和分析与教育教学有关的各种课题，并以此为基础进行实验研究的能力。

2. 提升教师能力的教育管理方法

（1）激励法

首先是目标激励法。目标激励是一种有效的行动方式，它可以帮助人们实现自己的目标，并且激发他们的积极性和努力。作为高校教师，第一，要重视目标的价值，并且让学生从主观上认识到目标的意义，以便他们更好地实现自己的目标。第二，要确保教学目标的设定具有合理性，并且根据教师的能力水平，给出适当的要求。第三，要不断地制定新的目标，以激发教职工的积极性，将高校的各项目标组织成一套完整的目标体系，使教职工持续地追求更高的目标。第四，大目标和远景目标应该结合起来，以便在较长的时间内取得成功。如果不将它们结合起来，就会使人感到目标遥不可及，打击积极性。因此，高校必须将它们结合起来，使教师逐步接近目标，并获得满足。第五，在完成团体工作目标的同时，要充分考虑到教师的个人利益，以确保个别工作目标得到有效的落实。唯有如此，才能使团体发展目标与个人发展目标协调统一。

其次是物质与精神激励。马克思主义指出，物质需要是人类发展的第一因素。因此，学校应该采取更加有效的物质激励措施，以满足教师的基本需要，比如，奖品、奖金等，以激励教师更好地发挥自身潜能，实现自身价值。作为一个拥有丰富知识和学历的群体，高校教师的内心世界比一般人更加丰富多彩，他们更加注重精神文化内涵领域方面的激励。这种精神激励包含信赖、赞赏、尊敬和荣耀，如获得各种等级的荣誉证书或称号。按照共同激励理论，唯有将物质和精神因素紧密联系，并且同步实施，才能获得最佳的效果：激励力量 = 物质因素 + 精神因素。

最后是情感激励。人的情感调节着人的行为。校园管理者应该以情感激发为基础，通过对教师的信赖、尊敬和关心，满足他们的自尊心要求，激发他们的工作积极性。高校领导和主要管理层应该主动关心教师，了解他们在工作和生活中遇到的困难，尽可能地让他们在一种安全舒适的心理环境中工作。高等学校应该重视校园文化环境的建设，创造一种平等、相互尊重的气氛，让教师在自尊心和社交能力得到充分发挥的情境中，更好地实现自身的价值和创造力。

（2）心理契约法

心理契约法是一种社会心理学理论，它被组织行为学家用来指导管理活动。心理契约能够直接影响人员的行动和心态，甚至能成为他们行动和心态的决定性因素。在高校教师中，心理契约指的是教师本身对自身的责任和权利的主观认识，以及他们应该如何履行这种责任和权利。

高校管理者应当采取多种措施建立良好的师生关系，帮助教师将个人发展要求与学校改革要求有机结合，以促进高校的发展和进步。

首先，应该采取多种激励措施，提高教师的情感素养。这些措施应该有层次和针对性，并且要坚持不懈，始终如一。

其次，教师应该有强烈的自我实现需求，并且对自己的事业抱有较高的期望和明确的目标，这对于高校的发展和进步都是有益的。学校领导应该积极关注教师的心理需求，并为他们安排适合的工作岗位。重视教师个人发展目标，并努力与学校的发展目标保持一致，使教师的个人成长与学校的发展同时进步，在实现个人价值的同时为学校作出贡献。重要的是，要营造一个良好的组织文化氛围。这种文化能规范组织成员的行为，促进他们的理想和目标的一致性，并使他们的价值观和理念趋于一致。这样，教师就会感到一种巨大的魅力，使他们产生自尊、成就感和责任心，从而在高校内部构成一股巨大的向心力。

最后，高校应该实时监测教师的心理变化趋势，以防止违反心理契约的情况发生。当教师处于工作状态时，高校主管应该及时关注他们的心理变化，深入了解他们可能面临的挑战和当前的工作状况，倾听他们的意见，把握他们的需求，并及时采取措施进行调整和管理。

（3）人力资源管理法

为了提升高校教师人力资源管理的水平，应该根据师资和课堂教学的特色，招募一些既懂得教育又懂得管理工作的人才，将其安置到人力资源管理职位上。此外，还要加强对高校人力资源管理者的思想教育，通过参观视察、交换教学活动、座谈会等方式，拓宽他们的眼界，将"管人"思想转化为科学性、规范性的人力资源管理观念，以进一步提高管理者的管理素养，更好地服务于教师和课堂教学。以"教师为本"为指导思想，充分发挥教师在学校管理中的核心作用。

为了更好地发挥人才培养优势，建立大学引才激励机制是大学人力资源管理创新的核心内容。因此，高校应该加大公开招聘力度，根据岗位空缺情况，研究制定科学合理的职位条件，并通过多种测试手段和多方面考察，确保招聘过程公开、公平、公正。为了建立一个完整的柔性引才机制，高校应该遵循"不求所有，但求所用"的原则，在不改变人事关系的前提下，为海内外领军人才和专门帅才提供住宅、资金等方面的支持，以促进他们在高校教学和科研中的发展。

为了进一步提高教师的专业技能，应该进一步增加对教师培养的投入，建立长效机制。同时，应该针对教职员工的具体情况，分门别类进行培养。针对缺乏从教经验的新教师，应该加大人才培训力度，让他们知道教师职业的特点和要求，学习基本的课堂教学技能和技巧；采取举办高层研讨会、研修班或派遣访问学者等形式，让骨干教师和学术带头人及时获取学科发展的最新动态，以提升他们的教学和科研能力。

为了更好地激励教师，需要完善高等学校的职务聘任制度和考评体系。这需要构建一整套有效、科学合理的考评评价指标，以全方位评价教师的授课、研究才能、管理工作态势、责任感和个性品质。考核结果应成为聘用的依据，并与本人收入挂钩，以体现"可上可下、优劳优酬、多劳多得"的基本理念，调动高校教师的工作积极性。为了推进高等学校教师的发展，高校应该积极引进公平竞争管理机制，激励公平竞争，发挥民主作用，确保公平、公正和公开。

3. 制定高层次人才引进策略

（1）从学校实际出发制定人才引进规划

科学、合理地制定人才引进规划是做好人才引进工作的前提。高校要根据学校的办学定位、发展目标和学科建设的需要，分阶段、分目标制定人才引进规划。在规划中，要充分考虑学校各学科、各专业之间人才的合理配置、优化组合等问题。在人才引进的过程中，应结合学校的实际情况，摒弃盲目的、不切实际的做法，引进学校发展需要的优秀人才。"调整放宽准入门槛，充分考虑选聘人员的学历水平、技术职称、实践经历、职业素养等方面因素，协同企业（行业）对其技能水平、工作实绩等进行客观评估。"[1]以浙江水利水电学院为例，该校曾提出，应在人才引进方面进一步完善人才引进优惠政策，使人才引进向重点学科、重点专业倾斜；根据学科、专业规划，积极探索多元化的团队引进机制；加大智力引进的力度和柔性引进的强度，"不求所有，但求所用"；积极探索基于校企合作平台的兼职教师引入、融入机制，鼓励兼职教师参与学校的教学活动、教学改革、合作科研，优化充实师资队伍。同时，在人才引进过程中要兼顾"职称""学历""年龄"结构，使教师队伍梯队结构全面合理化。

（2）规范人才引进程序

高校人才引进的权力主要集中在学校和人事部门，作为用人部门的二

---

① 何奕璋. 高职院校兼职教师教育管理效能提升机制研究［J］. 高教学刊，2020（15）：119-123.

级学院缺少主动权和发言权，这种人才引进程序违背了科学，导致人事部门缺乏对引进人才的专业鉴别，无法保证引进人才的质量。因此，高校在制定引进人才规划的基础上要有一套科学的人才引进程序。第一，明确分工。校院两级应明确各自职责，合理分工，逐步放权。人事部门代表学校，负责宏观指导、政策解释、人事关系和引进待遇的落实；二级学院负责专业能力测试、教学科研能力及综合素质的测评。第二，广开门路。高校为扩大引进人才数量和质量，要利用多种宣传方式和媒介，利用自身优势做好宣传，加大人才引进力度；通过参加各类高层次人才招聘会以及网络大范围发布招聘信息，通过本校同行业的教师直接联系国内知名专家。对于人才引进手续和待遇，采取简化手续、特事特办、"一人一议"、形式多样的引进程序，确保人才引进的成功率。第三，全面评价。构建科学合理的人才评价体系，对引进人才的知识、素质、能力、水平进行全面、客观的评价。不同层次的高校、同一层次的高校在不同阶段对人才的需求存在差异，因此，新建本科院校应根据自身的办学定位、人才培养目标、学科建设等方面制定不同层次、不同学科的评价标准，确定以业绩为核心，由品德、知识、能力等要素构成的人才考核评价体系。

（3）完善人才引进的后续管理

为营造爱才、用才的良好环境，高校要更新观念，增强人才意识，对高层次人才实行人性化管理。除了在物质上兑现承诺的待遇外，还要在精神上给予人才适当关怀，完善引进人才的服务机制，为引进人才提供"一站式"服务；重视引进人才个人发展与学校发展的同向性，充分发挥其主观能动性，挖掘引进人才的潜能，在实现自身价值的同时实现学校的整体建设目标；建立和谐的人际关系，处理好引进人才与校内现有人才的关系，加大校内教师的培养力度，激发校内教师成长的潜力，逐步缩小两者在能力、业绩上的差距，加大对引进人才后续培养的力度，通过岗位、项目、进修等多种形式建立一系列培养机制，有针对性地开展后续培养工作，提高引进人才对学校的贡献度。

高校还应当建立和完善教师创新能力管理体系，将实践创新和科学创新作为教学理念，采用多种形式培养教师创新能力，养成人才培养机制，通过高水平方式提升人才质量；高校应当注重教师创新能力的培养，把"寓教于研"的理念落实到实践中，联合高校教育与地区教育，建立教育基地和实践基地，为教师创新能力培养提供平台，同时"加大资金和精神支持力度，充分展现出教师在创新活动中的观念与想法"①。

（4）健全人才引进工作的组织体系

高校人才引进工作是一个系统工程，涉及学校的很多职能部门和各个二级学院，环节多、程序杂。健全人才引进工作的组织体系可以提高工作效率，减少不必要的重复劳动。首先，成立校级人才引进工作领导小组，成员由相关行政职能部门组成，由人事部门代为执行，邀请校内外相关领域专家组成专家考察小组进行高层次人才引进考察工作。其次，给予二级学院在人才引进方面更多的权力和资源，使管理重心下移。强化二级学院在引进过程中对引进人才的专业能力、学科水平的考察、评价，有针对性地引进二级学院需要的、满足二级学院建设和发展的各类人才。最后，高校人事部门工作人员转变管理理念，提高服务意识。加强自身理论、业务知识、人事政策等方面的学习和能力培训，提高分析、解决问题的能力，增强管理人员的组织、协调和沟通能力，加大对引进人才的人文关怀力度，提高管理服务的主动性和针对性②。

第三节　高校教育管理创新探索的必要性

一、高校教育管理理念的历史演进

（一）效率为本模式与学校管理理论

教育管理思想最初源于工业管理，受到工业管理理论的深刻影响。美国的泰罗提出了"古典组织理论"，其核心思想是通过改善管理工作来提升

---

① 陆玮. 基于青年教师创新能力培养的高校教育管理探讨［J］. 营销与人才培养，2020（1）：117–118.
② 汪一丁. 新建本科院校高层次人才引进策略的研究与实践［J］. 教育与职业，2015（1）：35–37.

劳动生产率。从实质上讲，这一理论是由一系列抽象的发展组成的，旨在培养人们的道德品质、特殊能力和技巧，以便让每个人都能发挥最大潜能，从而提升劳动生产力。泰罗认为，科学技术管理的核心思想是：通过科学研究和培训以及与员工的亲密合作，代替传统的经验方法，使员工按照未来发展的科学原则进行操作，并且管理者和职工都应该对自己的操作负责。泰罗的科学管理在工时研究和任务管理、职能化管理、例外原则和心理革命等方面为科学管理作出了巨大的贡献。泰罗科学管理的出现标志着管理工作从经验转变为理论，它为管理工作的发展提供了一个重要的起点，使管理工作走向现代化和科学化，为后来管理理论的发展打下了扎实的基础。

早期的教育管理移植了泰罗的管理思想，强调学校发展的效率，把它放在学校发展首位。在管理者看来，学校就像一座工厂，学校管理者是老板，教师是工人，课程和教学是工具，学生是产品。因此，学校管理关注的重点是，如何协调学校各种资源，如何有效地进行管理活动。因此，"古典组织理论"的一切行为是为效率服务的，效率成为组织各种各样管理活动的核心。

（二）人本模式与学校管理理论

20 世纪二三十年代的霍桑试验为西方经济管理理论中的关系理论和行为科学的发展奠定了基础。梅奥等对霍桑试验结果进行了深入分析，提出了一些基本观点：员工不仅仅是寻求钱财收入，他们还有社会和心灵需要，因此，在管理理论中应该从多方面考虑，而不仅仅局限于物质层面，要以更加全面的视角看待工作，更好地满足他们的需要，从而促进他们的发展和成长。为了激发员工的积极性，企业可以采取多种措施，包括：建立健全的非正式组织管理机制，以及构建有效的人际交往，以提升员工的信心和士气；实施提升工作效率等有效的管理策略，以促进员工的心理健康。

基于梅奥等提出的人际关系学说，行为科学家不断深入研究，以探索人类行为的本质。他们从多个角度，如需求、动机和激励等，对人类行为进行了系统的研究。马斯洛的"人性需求层次论"、赫茨贝格的"刺激影响—

保健因素论"、斯金纳的"强化"学说以及弗洛姆的"期望概率模型"学说，都是具有代表性的学说，它们都探讨了组织中人性问题的本质。美国麦格雷戈的"X—Y"学说和美国行为学家阿吉里斯的"成长—不成长"学说是涉及非正式社会机构及其相关研究方面的重要理论，而卢因的"团体动力学研究"和利兰·布雷地福提出的"敏感性训练"则是更深入探讨这些方面的有效方法。管理论中有许多重要观点，其中包含领导方法连续统一基础理论、支持关系理论和管理方格论。人际关系学说强调了组织发展中人际交往的重要性，行为科学认为，管理工作中人的因素是至关重要的，因此，它们在管理工作思想中充分发挥着作用。行为科学的基本哲学思想提供了一种自由、自我批判的环境，它将个人目标与组织目标有机结合，以此激发人们的自尊心，并在工作中发挥最大的效用。

受人际关系理论和行为科学的影响，教育管理也重视人的民主性，在学校教学中强调学生参与管理的重要性。人本思想深刻体现在教育管理中。

（三）以理性管理为主模式与学校管理理论

管理的重点是什么？长期以来，这个问题一直是有关领域学者的研究重点。随着时代的发展，人际关系学家和行为学家将目光转向人本身，"管理就是管理人"的观点在理论界和实践应用中逐步占据上风。即便如此，人们对于组织管理合理性的重视也始终未变。尤其是在全球化发展的今天，大型组织纷纷涌现，不仅是一国之内的大型组织，还包括跨国际的大型组织，都在社会经济发展中发挥着重要作用。基于此，管理学的理论研究者不断探索新时期组织的特点，试图研究总结出新时期组织的管理原则和管理方法。在这一背景下，以德国社会学家、经济学家马克斯·韦伯为首的研究者提出了"科层组织"学说。依据该学说，在现代社会中，为了实现一个组织的目标，应该首先在组织结构中建立起理性、权威和等级体系，以保证组织活动服从于统一指挥，这一点也是科层组织学说的基础。建立理性权威和等级体系是为了确保组织结构清晰、活动有序、成员职能明确，因而组织中的任何一个级别的成员在做必要汇报的时候，对象都是明确的上级；组织的管理者也处于整个等级体系中，无论是管理者还是被管理者，都必须严格遵守组织的规定，如规章制度和组织纪律等，从而使组织保持有效运作。科层组织学说突出科层组织管理体制，为组织管理提供了一种效率高的、合乎理性的管理体系。

科层组织学说开拓了经典管理理论的思路，引起管理学理论研究以外其他学科专家的注意。20世纪60年代，科层组织学说被教育管理专家引入，有关研究者从科层组织概念中汲取营养，进而阐明学校组织与教育管理的相关问题。在对学校组织研究中，人们普遍认可学校是一个复杂的组织系统，涉及社会层面比追求盈利的企业更复杂，因而学校管理必然比企业组织更复杂。在这一普遍观点下，研究者认为，作为一个复杂组织的学校，其管理也可以运用科层组织管理的模式，即通过层层的组织等级架构来实施管理，尤其是教育管理。按章行事，建立学校教育管理的组织构架和结构层级，如此一来，就能提高学校管理的工作效率。不过，当时学者的研究不够深入，没有注意应当采用什么样的方式处理学校组织中的人际关系，没有注意到科层组织学说的一个重要问题——领导权力过分集中，容易形成独裁统治。尤其是现代民主自由越来越受到人们的重视，无论是学校还是企业，独裁都受到师生或是员工的一致排斥。此外，科层组织学说的另一个局限性在于，因为把组织视为一个结构严密的整体，其完整性的观点带有明显的封闭性特征。当把这一理论运用于学校教育管理时，管理的信息及程序是按照一定组织原则在学校等级架构内流动的，会导致因忽视学校与外界因素的必然互动和交流而运行不畅。

（四）开放管理模式与学校管理理论

20世纪五六十年代，管理学理论范畴已经基本形成。由于时代发展的限制，管理学的种种学说，如科学管理学说、人际关系学说和科层组织学说等，局限性都比较明显，与实践运用存在一定的差异。为此，在发达国家的研究界开始兴起开放系统组织理论，该理论的代表人是美国学者塔克特·帕森斯。开放系统组织理论认为，应把组织视为社会系统，无论是大型组织还是小型组织，都具有各自的小社会系统；各种组织由于种种关系与交流而互相联系，进而构成一个复杂的社会系统。基于此，权变理论学派提出，系统观点应当作为组织理论的基础，外部环境影响使组织成为一个开放系统，输入、输出和反馈使组织与外部环境相互作用。基于开放系统组织理论形成了开放管理模式，也被引入教育管理的研究中。采用开放管理模式的学校不再是一个封闭的系统，而是一个具有开放性的系统，从而改变了以往管理领域的封闭性。开放系统组织理论为教育管理提供了一个全新的视角，使教育管理理论和管理模式获得进一步发展。

（五）多元整合模式与学校管理理论

随着新工业革命和现代经济的高速发展，西方发达国家在 20 世纪六七十年代开始兴起后现代主义思潮。这是具有重大影响的社会文化思潮，涉及文学、艺术、语言、历史、哲学等诸多社会文化、意识形态领域，自然也对管理学产生了深远影响。后现代主义思潮运用于管理学思想，其基本观点是：① 强调变化性，作为人类社会的创造物，组织是不断发展变化的；② 强调不存在唯一性，即管理思想、管理理论、管理知识都是发展变化的，因而没有唯一、正确的管理学理论；③ 强调分权，管理的权力是分化的，因而组织实行分权管理的方式；④ 强调多样性，管理手段、管理内容、管理模式随时代和社会需求而变化，因而呈现多样性特征。基于以上基本观点，现代管理理论的发展呈现出多元性和多样性。在教育管理研究领域内，教育政治管理、教育主观管理和教育文化管理、教育模糊管理等理论相继出现，教育管理理论研究发展趋向融合。各种理论和各种模式经过研究后，各自优点被总结出来，经过重新整合后，形成了具有多元性特点的创新性教育管理模式或者理论。从当代教育管理发展的趋势来看，教育管理创新已经成为一种必然，管理创新是社会发展赋予的一种使命。

二、当前我国高等教育管理面临的挑战

（一）高等教育管理面临着科学技术加速发展的挑战

从 20 世纪 50 年代到 21 世纪，科技的蓬勃发展令人瞩目，其转化为社会生产能力的速率也令人惊叹。这种迅猛蓬勃的发展需要高等教育更新内

容，对培养目标和培养方式做出重大改变，培养出能够跟上科技进步步伐的人才。然而，高等教育的改革却显得迟缓，现在的教学状况与50年前相比没有太大的变化，这显然是科技蓬勃发展的迅猛与高等教育改革的缓慢造成的。

（二）高等教育管理面临着社会变革的挑战

随着全球政治格局的变化，当今时代的国际竞争日益激烈。科学技术的发展也带来了一系列社会问题，如资源的浪费、环境的污染、生态的破坏等，这些问题不仅影响到社会的发展，也影响人们的生活质量。随着我国经济社会的飞速发展和改革的深入推进，高等教育管理正处在一个关键的转型期、发展期和分化期。这既是一个充满机遇的时期，也是一个充满挑战的时期。

（三）高等教育管理面临着中西方文化冲突的挑战

中国历史悠久，中国优秀传统文化和现代化之间存在着冲突。优秀传统民族文化中有许多优秀的元素，但有一些不足之处。这些不足之处虽然可能阻碍现代化的发展，但也可能激励人们继续努力。中西方文化冲突是一种复杂的文化现象，它既体现在我国引进西方国家科学技术的过程中，也体现在我国吸纳和融合西方国家传统文化的过程中。西方国家传统文化富于前瞻性，如开放的思想、求真务实的精神、文明的优良传统等，因此，高校应该积极吸纳和融合这些文化元素。然而，也有一些腐朽的观念在西方国家可能是有益的，但不符合我国的国情，因此必须加以分析和摒弃。

（四）高等教育管理面临着大众化教育推广的挑战

1. 规模与质量的矛盾

随着我国高等教育的迅猛发展，教育资源的紧缺也变成一种不可忽视的现象。由于资源有限，根本无法适应教育的发展，教育质量大幅下降，这是不可避免的结果。高等教育发展面临着如何平衡规模与质量之间的关系的挑战。

2. 发展与投入的矛盾

国民经济与教育增长密不可分，相互促进。尽管我国经济发展速度落后于教育增长，但是政府仍在大力投入，不断推动高等教育事业蓬勃发展，以期通过提升高等教育水平促进经济增长。伴随着经济增长，教育的规模、结构和速度也在不断提升。然而，由于教育资源的局限性，尤其是优秀教育人才的极度匮乏，中国高等教育正面临严峻的挑战。因此，政府应该采取有效的措施，加大对教育的投入，以满足社会对教育的需求。

3. 招生与就业的矛盾

虽然招生人数不断增加，但是就业问题没有得到足够的重视，社会、学校、学生和家长都缺乏对就业的准备，从而导致高校毕业生就业困难的问题日益突出，这不仅影响高校的改革和发展，也严重影响家庭和社会的稳定。当前，为了更好地预测人才需求，高校必须改变学生和家长的就业观念，并且政府应该提供有力的政策和制度支持，以促进大学生就业。

4. 大众化的精英教育与传统的精英教育的矛盾

伴随知识经济时代的来临，精英人才培养已成为一种高水准、高质量的教育，它建立在深厚学术知识的基础上，旨在培养出具备高科技能力、能胜任各行各业的领军人物。在这个信息快速发展的时代，科学知识、社会信息以及各个学科专业之间的交叉渗透，更加强调了经济社会对精英人才的需求。尽管我国高等教育发展指标存在理论基础和实际条件的不足，但是并未阻止高校走出误区，反而为高校提供了更多的机遇和挑战。

（五）高等教育管理人才管理的落后

1. 人事人才管理理念落后

目前，高校的人事管理人员在管理理念上存在着很重的旧体制色彩，学校与教师之间管理与被管理关系明显，等级观念深厚，没有脱离传统意义上对人和事的管理。"以人为本"管理理念认识不到位，限制了教师自身能力的充分发挥。从人事管理的行为过程来看，高等学校人事管理工作普遍存在人浮于事、墨守成规的特点，缺乏前瞻性、主动性和创新性，管理过程偏重于强调事而忽视人。绝大多数高校仍然按照统一调配、统包统分的方式进行人事管理，人员淘汰机制不能市场化，忽视了岗位意识，不利于高校间、高校与企业间的人才合作与交流。一些新兴或交叉学科研究领域的高层次人才因为身份、编制、待遇等问题而不能被学校引进，校校之间、校企之间以及学校与科研机构之间不能共享高水平人才资源，致使学校某些新兴或交叉学科发展滞后，严重影响了相互之间优秀人才的协同配置，降低了协同开展重大科研项目的攻关能力。

2. 选人用人机制不完善

目前，部分高校在选人、用人方面还存在着任人唯亲的弊端；同时，在高层次人才引进方面缺乏合理的人才引进规划。盲目引进高职称、高学历人才，忽视对引进人才的品德、知识、能力和业绩的全方位考察，导致高校师资配置结构不合理，人才缺乏与人才浪费现象共存。在用人机制方面，对教师的后期培养及挖掘现有人才潜力的力度不够，缺乏合理的人员流动机制，严重影响高校人才队伍的素质提升。缺乏科学合理的选人、用人机制不仅影响到学校内部教师协同创新的积极性，创新效率低下，导致学校的人才队伍建设与学校协同创新的要求不相适应，更影响了高校与企业、科研院所之间的创新协作能力的提升。

3. 考核评价机制流于形式

考核评价机制是高校人事人才管理工作中一项重要内容。通过开展考核工作对广大教职员工的教学、管理工作做出客观评价，有利于学校各项工作的有效完成。可是目前，对内，高校在对教职员工开展考核的过程中，呈现出形式过于单一、内容过于简单、指标过于狭隘、导向偏差、结果使用机制不健全等现象，从而导致高校人事管理中难以推行绩效管理；对外，高校之间或校企之间缺少互聘高层次人才的业绩评价机制，影响了引进或特聘的各类高层次人才在某些技术领域深入研究的动力和积极性。

此外，由于受到国家宏观人事管理体制的制约和影响，高校人事管理体制改革依然没有取得突破性进展，对于专业技术人员职称评定上的论资排辈、行政管理干部职务"能上不能下"以及事业单位职工身份的"终身制"等现象始终在高校中普遍存在。外部缺乏有效的竞争压力，内部缺乏职称晋升后的考核机制，导致许多高校教师在评上职称或提升职务后安于现状，不重视自身能力的提高和研究领域的创新。高校间、校企间高水平人才缺乏相互交流，人力资源得不到科学合理利用，对于高校开展重大科研攻关项目、创建优秀科研团队、发展学校优势学科等都存在一定的影响。

4. 竞争激励机制不完善

以聘任制为核心的用人制度目前在高校普遍推行。实行教师聘任制度，有利于把竞争机制引入教师管理制度，通过竞争建立激励机制，促进教师队伍的健康发展。但实际上，制度的不健全、竞聘范围的局限性、执行力度不够等因素往往导致竞聘上岗流于形式，造成高校"进不来、出不去、流不动"的困境。校内缺少竞争不仅影响全校教职员工的工作积极性，更使学校的健康、可持续发展缺少动力和活力。此外，高校人事分配制度不同程度地存在"平均主义"和"重报酬、轻工作满意度"的现象，缺乏对教师工作满意度的关注以及对教师的培养、个体发展、人力开发等方面的激励。

三、我国高校教育管理创新途径

（一）更新教育管理理念

"行政致远，理论先行"，落实到学校管理，尤其是教育管理上，是指开展工作的前提是明确教育管理理念。高校的教育管理人员，特别是领导者，在实施教育管理工作时，要适时更新教育管理理念，树立正确的教育观，只有这样才能推动高校教育工作顺利开展。

当前，我国高校教育管理体制仍存在一定弊端，教育管理工作任重道远。以当前社会的人才需求和被人们越来越重视的"以人为本"的教育思想为先导，高校必须更新并创新教育管理理念，把学生作为教育教学工作的中心。一方面，高校要创设有利于学生个性发展的校园环境，营造民主化氛围，不仅让学生在学习过程中感受到轻松的学习环境，而且要鼓励学生自主学习，能发现问题、提出问题并解决问题，让学生能充分展示自己的个性；另一方面，高校的教育管理人员要开展理论和实践研究，重新认识和丰富教育管理的内涵，从理论角度明确教育目标，从实践角度规范教育的形式和规模，以切实有效的行动建立高校教育管理机制，从而推动高校教育管理模式的持续发展。

（二）建立高校教育管理制度

开展高校教育管理工作，必须建立架构完备、权责明确、职能齐全的管理制度，这也是高校教育管理的基础。在当代高校中，建立分权明确、决策开放透明、责任分级的教育管理制度是基本要求，只有这样才能保证高校的教育管理工作有序开展。另外，为了鼓励创新和保持教育管理制度的生机与活力，高校还应把优胜劣汰的内容完善到教育管理制度中。如采取绩效管理方式，不仅能大大提升高校教育管理的工作效率和结果，还能培养更多高质量的人才。在建立高校教育管理制度的过程中，高校的教育管理人员，特别是领导者，需要特别注意以下几点：其一，充分发挥高校现有的教学资源和学科优势，以当下和社会发展对人才的需要为引导，满足学生学习的现实需求；其二，顺应时代发展，及时用新技术提升教育管理工作的质量，以当今为例，网络技术和信息技术迅猛发展，高校就应当顺应信息时代，创新高校教学管理手段；其三，把人才培养与社会、企业现实需求结合起来，高校不能仅仅培养理论高手和研究达人，更多的高校毕业生在走出校园后必须具备满足社会、企业真实需求的职业能力和综合素养。因此，高校要建立和完善的人才培养机制不仅要有极高的教育质量，更要针对不同企业对于人才需求制定不同的培养模式，满足各类受教育者对于教育的需求。

（三）加强应用型高校的师资队伍建设 [1][2]

1. 以建设服务于应用型高校本科教育的师资队伍为目标

要想在师资队伍建设上取得一定成效，首先要设立一个明确的目标。在传统高校中，一般备受重视的是传统的教学方式，即以理论知识为主，以实践教育为辅，着重讲授理论知识，在其基础上再施以实践教学。但应用型高校与此有着很大的区别，应用型本科院校的教师队伍必须坚持理论知识与实践能力并重的原则。在教学工作中，既要坚持理论知识的学习和吸收，也要对实践操作技能、解决问题的能力予以重视。

① 汪一丁，黄俊鹏. 应用型高校的师资队伍建设研究 [J]. 中国成人教育，2016（5）：86-88.
② 汪一丁，王伟英. 应用技术大学"双师型"师资队伍建设研究 [J]. 教育与职业，2015（10）：63-65.

应用型高校教师除了掌握娴熟的理论知识外，还要具备一定的工程实践能力。工程实践能力指教师能灵活地进行相关实践活动，巩固自身成果，提升自身技能；能做到授人以渔，将参加实践的工作经验和感悟转化为教学能力，哺育学生。教师都应具备将案例、经验转化为教案的能力，能将解决方法悉数传授于学生，以加强学生对技能的运用。因此，应用型本科高校的师资队伍目标非常明确，即打造一支知识结构合理、文化素质优良、理论基础扎实、实践能力突出的高水准师资队伍，完成教师队伍由"说教型"向"应用型"转变。

2. 加强"三高"层次人才的引进和培养

应用型师资队伍的建设，在教师队伍整体素质水准普遍提高的基础上，还需要引进高层次人才，加快学科建设，以引导师资队伍整体素质的提升。引进高层次人才对高校的可持续发展具有非常重要的战略意义，应重视高层次人才的外部引进和内部培养工作。

加大引进力度，拓宽引进渠道。应用技术大学根据学科专业建设的要求，主动出击，参加国内外高层次人才招聘会，广纳贤才；有针对性地深入高水平学校，与高校建立"人才培养基地"，吸纳优秀的毕业生；主动到企业、行业单位、同类高校中引进学校急需的高层次人才，以编制、福利、待遇等优惠条件吸引高层次人才，充实学校的师资队伍。在高层次人才的外部引进工作中，以不同学科专业的不同需求来对人才引进政策做出人性化调整。对于具有较高学术造诣、声誉良好、有一技之长的专家，只要他能为学科建设做出提升、为生产实训带来突破性变革，就可以根据实际需要进行灵活聘用。而对于一般教师的引进工作，院校应结合自身的实际情况和发展需要，制定合理的教师准入制度。聘用人才除了高学历要求外，还必须将拥有一定的实践经验作为标准，以符合"应用型"教师队伍的发展要求。应用技术大学高层次人才的引进主要以优化师资结构、提升师资素质、提升教师实践水平为导向，将"刚性"引进与"柔性"引进相结合，"柔性"引进机制可以为学校化解高成本引进人才的风险，同时也是补充学校师资队伍不足的有效办法；扩大兼职教师比例，扩充师资结构，通过聘请大中型企业、行业的专业技术强、实践经验丰富，掌握行业前沿技术水平的技术人员到学校担任外聘兼职教师、短期聘任、客座教授、特聘教授等"柔性"引进形式，充分发挥引进人才的社会效益和对学校事业发展的贡献度。

在高层次人才的培养工作中，院校应为高层次人才提供一个良好的环境，使他们能享受院校的学术氛围，并尽快适应院校的新环境。首先，应建立一个完善的管理制度，对没有实践经验的高学历青年教师进行实践鼓励，引导他们到企业进行实践工作的学习和进修，从而提高其技术指导能力，以便在课堂讲授中发挥得更出色。其次，应给予表现优秀的教师出国进修、参加专业相关的项目研发的机会，巩固其学术成果，提升其自身素养。对实践能力出色的教师，应鼓励他们多多参加国家级的实践竞赛活动，在比赛中激发他们的潜力，从而不断提升、完善自己。最后，加大青年教师培养力度，提升青年教师层次和水平。启动青年教师在职提升学历层次培养工程。学校根据学科专业建设要求，出台优惠政策鼓励青年教师在职提升学历层次，同时依托国家级、省级培训项目，选送中青年教师到国内、国外访学进修或参与合作研究，逐步拓宽学术交流渠道，提高青年教师的业务素质。开展青年教师"导师制"培养计划，在对青年教师进行岗前培训的基础上，实施"导师制"，安排老教师在教学、科研活动中"以旧带新"，帮助青年教师尽快成长。坚持青年教师参加社会实践锻炼、挂职锻炼、兼做班主任和辅导员工作等制度，分期分批派遣青年教师到企事业单位、行业参加工程实践、生产第一线，培养"双师型"素质。在职称申报方面，学校结合青年教师的实际情况及自身表现，开展帮扶措施，加大培养力度，促进其能力、素质的全面提高，为职称晋升创造基础条件。

3. 完善教师能力测评的考核制度

合理的考核制度可以使师资队伍的理论素质加强、实践能力提升，使教师严格要求自身，以相对适宜的方式完成培养人才的工作任务。院校可以根据不同专业制定不同的考核标准，除了对教师操作能力的测评外，还应在教师对学生的实际操作能力进行教授时，安排考核员陪同上课、听课，在听课过程中对教师的表现予以打分测评，教师表现合格即通过考核；若教师没有达到考核标准，则予以相应处罚，并且需要再次接受测评，只有通过测评后才能继续进行讲授。这样一来，教师的教学水准便可以长期保持在较高水平上，杜绝了教师中的懈怠现象，提升了教学效率，避免了师资浪费。

转变教师评价考核机制，将生产实践、生产指导、专利发明等纳入考核范围。通过考核内容的转变引导教师向应用技术型转变，提高"双师素质"的教师比例；对教师科研的考核侧重于应用型研究，把教师的实践教学、学生实践水平纳入教师的考核体系。在职称晋升、业绩考核等方面向"双师型"教师倾斜；加强产教融合，鼓励教师到企业实习、培训、挂职锻炼，为企业开展技术服务，不断积累工作经验，提高实践能力。

4. 不断优化教学环境，实现"校与人"的协同发展

建立一支符合应用型教学的优秀师资队伍之后，为了达到队伍稳定的目的，院校必须在原有设施基础上，不断加大对师资力量建设的投入力度。例如，投入资金，对院校的教学环境以及各种硬件设施做出相应的整改和更新。对于教师来说，一个良好的办公环境和静谧的学习氛围是最重要的。环境得到改善，教师能更加和谐地融入教学生活，从而对于学校的办公环境产生亲切感和依赖感。与此同时，为了提升教师教学的积极性，应对院校的奖惩制度以及职称评定制度加以完善。在这样的环境下，教师会感觉压力和动力并存。这种状态会驱使院校教师朝着更好的方向发展。

5. 加强教师素质教育

首先，教师在工作过程中，不仅要保证授课质量，还要体现出自身的责任感。在工作中贯彻"以人为本"的教育理念，将专业素养和良好的道德素质相结合。其次，针对教师的师德评价，学校要积极建立反馈机制。通过反馈，学校对每位教师进行师德的综合考评，并将此结果作为教师参加各种评定的重要参考。最后，加强产学研合作，选派部分教师到企事业单位参加实践锻炼，促使他们在实践锻炼中掌握新技能、新技术；同时，要了解市场对人才的需求导向，及时调整人才培养方案。鼓励教师与企业合作，开发新技术、申报新项目，真正做到产学研结合；选派教师到企业开展技术开发与服务工作，帮助企业解决生产过程中的实际问题，也使教师获得相关专业的最前沿

信息。鼓励专业实践性强的教师，参加相关专业职业技能培训考试，取得相应的职业资格证书，根据相应的专业技术职务系列的有关文件，评聘第二个专业技术资格，调动广大教师参与继续教育的积极性、主动性，提高教师的专业实践技能水平。建立一大批"双师型"素质教师企业实践基地，实行新教师先实践、后上岗及定期实践制度。师资队伍建设是应用型本科院校建设过程中的重要工作，也是一项长远工程。为了适应发展需要，学校应有计划、有步骤地建设高效优化的师资队伍。

6. 启动适应应用技术大学发展的人事制度改革

为了适应应用技术大学的要求，促进师资队伍的全面发展，高校应改革人事管理考核机制，发布"双师型"素质教师队伍建设的相关规定文件，将工程锻炼与教师的考核、职称晋升相挂钩。改革教师队伍编制、职务评聘机制，要按照应用技术大学的特点制定高校教师资格认定标准、专业技术职务资格评聘办法。新增教师编制主要用于引进有实践经验的专业教师队伍。建立符合应用技术大学特点的高校教师绩效评价体系和专业技术职务评聘制度，绩效工资分配和专业技术职务评聘适度向"双师型"教师倾斜。深化高校用人制度改革，落实应用技术大学选人用人的自主权，鼓励高校聘请企业高级管理人员、专业技术人员担任学校专兼职教师。完善教师培养、培训制度，探索"学历教育＋企业实训"的教师培养办法。

（四）构建协同创新的高校人事人才管理机制

构建高校人事人才管理机制的协同创新模式要求高校在选人、用人、考核、评价、培养、激励等多个方面进行改革创新，营造协同创新氛围，激发教师协同创新能力，促进高校创新能力全面提升。协同创新的高校人事人才管理机制就是要打破以往管理体制的壁垒，共享高校与高校、高校与科研机构及企业间的人力资源信息，实现人事人才的管理创新合作。高校人事部门应以此为契机，积极与其他高校、企业及科研机构开展合作，完善高校人事人才管理机制，促进高校创新人才的发展，推动学校可持续发展。此外，政府、人事服务机构、教育主管部门等要为高校提供政策、技术、环境等方面的外在支持。

1. 强化"以人为本"的管理理念

高校应树立"人才资源是学校第一资源"的理念，并以此作为高校师资管理的出发点和落脚点，改变传统的人事管理模式，以人为中心，实现人力资源管理的科学化与民主化；打破以往人事人才管理机制的壁垒，鼓励校校间、校企间的人才交流与合作，激发每个教职员工在教学、管理、科研、服务等方面的潜在能力；重视教师的个体发展，提供多渠道的培训途径及职后教育模式，建设一支素质优良、结构合理、充满活力且能适应学科专业建设和学校协同创新发展需要的师资队伍。

2. 建立开放灵活的岗位选聘制度

严格遵循和引入市场竞争机制选聘人才，从源头上严把队伍入口关。一方面，高校要通过多种形式和渠道，招揽国内外具有不同学术背景的优秀人才；另一方面，高校要引进具有较大潜力的青年拔尖人才，通过优厚的待遇、超常规的配套条件达到"引得进、留得住"的效果。高校实现协同创新除了需要学校自身现有的教师队伍以外，更要聚集国内外一流专家学者和具有强烈创新意识的优秀人才。

坚持教师聘任制的改革方向，理顺岗位与聘用之间的关系，科学设置岗位结构，以"按需设岗、公开招聘、平等竞争、择优聘任、严格考核、合同管理"为原则，以转换机制为核心，淡化"身份"评审，强化岗位聘任，破除职务终身制。要构建以任务为牵引的人员聘用方式，就要求人事部门在岗位设置时兼顾人才、学科和科研"三位一体"的共同发展。教师的科研工作紧紧围绕经济、科技和社会发展中的重大问题展开。人员聘用模式以聘用全职的教师为基础，还要通过一系列人才计划的短期项目、客座教授、兼职教授、学校顾问、专家讲学、项目合作等形式，积极吸纳各类高层次人才；同时，鼓励校内教师"走出去"，通过攻读学位、出国访学、进修及参加各类学术会议等形式，鼓励教师去其他高校、企业、科研院所担任兼职，通过技术服务、合作研发、产学研合作等方式，参与行业企业生产、工程实践和科技开发活动提高教师协同创新能力。

3. 完善科学合理的评价考核机制

目前，高校实行的教师聘任制度已不再以单纯的年终总结作为评价与考核的依据，而是成为聘后管理的一个重要环节和手段，也是实施与岗位聘任制配套的收入分配制度的依据，是岗位聘任制长期良性运作的基本保证。通过评价，教师能更好地认识自身的不足，调整修正自己的教学方式；管理层能更好地认识到教师队伍存在的不足，通过政策引导和激励，提高教师队伍的整体水平。要改变以往单纯以论文项目数、科研经费、获奖层次为主的考核与晋升的单一评价方式，构建科学的多元化教师评价体系，设计全面的评价考核指标体系，改变教师一味追求对成果"重数量，轻质量"的局面。从传统的单纯注重科研论文数量的考核评价方式中解脱出来，注重创新和实效，构建以创新质量和贡献为基本原则的人才评价与分配机制，探索按贡献参与分配的办法及有利于人才协同创新的"双聘"制度，完善人才评价激励机制。此外，高校需要建立科学合理的退出机制，鼓励竞争、动态发展，以合理的人员流动优化教师结构，提高教师水平，增加教师活力。通过教师评价考核为教师队伍科学管理和正确决策提供可靠依据，促进高校师资队伍素质的整体提升和学校创新能力的增强。

4. 建立有效的激励机制

构建科学合理的收入分配制度，是高校人事人才管理机制的重要组成部分，对教师的个人发展有着重要的激励作用。要建立"效率优先，兼顾公平"的分配机制，认可那些优秀人才在研究领域取得的成就，调动教师队伍的积极性，激发他们的创造力和潜力，引导他们在新兴或交叉领域不断创新；建立以任务目标为导向的人事人才管理模式，以重实绩、重水平、重贡献为基本原则，实施多维度激励分配制度，要以超常规的待遇和优惠政策留住优秀拔尖人才。同时，高校通过有效的激励机制，优化教师队伍结构，合理调整人力资源配置，建立一支结构合理、素质优良的教师队伍，促进学校可持续发展。加大教师培训、进修、访学、出国研修、社会实践等继续教育力度，构建多样化的校本培训模式，着眼于教师队伍整体素质的提高，把教师的自身发展与学校的发展有机结合起来。

5. 营造开放大气的创新氛围

学校要为教师的潜心研究提供一个宽容大气、不怕失败、学术自由、实事求是的良好氛围，把有利于协同创新的元素融入高校的组织文化环境。高校的人事人才管理机制要为高校协同创新的要求提供外在支持，减少行政干预，提供一个充分尊重个性、平等竞争、充分发挥创造力的学术环境。坚持对外开放的办学理念，打破学科之间、学院之间的壁垒，连通学校部门之间、部门与院系之间人才双向交流的渠道，加强人员之间的互相交流和沟通。

6. 建立高校间、校企间的协同创新合作模式

高校与高校、企业、科研机构之间的人事管理部门要加强协作，善于创新，依托协同创新平台，制定共同目标，构建协同创新的人事人才管理机制。对外加强与国内外高校间人事人才管理协同，开展高层次人才引进工程，进一步提升引进人才质量和水平；对内要聘用一批国内外承担过重大项目、具备重大科学研究能力的优秀团队，有效整合资源。加强高校高层次专业技术人才队伍与科研机构高水平人才间联合重大科研项目攻关能力，为高校提升协同创新能力提供人才支持与保证。

高校要与企业之间构建科学有效的人才管理体系，加大高校高层次专业技术人才队伍与高新产业进行合作研发的力度，鼓励科研成果产业化，促进生产力的新发展。通过协同创新的人事人才管理制度，增强高校与企业间的人才流动，优化高校人才队伍结构，整合校企人力资源，带动和提升高校科学研究及成果转化水平。同时，还可以聘请企业高技术人才到高校任职或兼职，组建科研梯队[①]。

（五）建立高校教育质量评价体系

为了使教育管理得到有效实施，需要科学的评价体系提供确实可信的监督和保障。因此，建立教育质量评价体系对高校而言，非常有必要。有针对性、科学、全面且可行的教育质量评价体系能全面提升高校的教育教学质量。

首先，要建立和健全目标评价体系。高校建立目标评价体系是一个连续的过程，不能一蹴而就。同时，高校需要的目标评价体系必须达到以下几

---

① 汪一丁. 协同创新视角下高校人事人才管理机制研究［J］. 教育与职业，2014（7）：34–36.

个要求：其一，全面，即目标评价体系涉及高校教育管理的教学、行政管理、激励机制；其二，完善，即目标评价体系建立后不是长久不变的，而要查漏补缺，及时改正；其三，持续，即目标评价体系要在高校教育管理制度中稳固、长期地应用下去。科学合理的目标评价和完善的评价制度可以提升高校的教学质量，促进学生全面发展，教师教学水平、科研能力稳步提高。

其次，要建立和健全有针对性的考核机制。高校考核机制的针对性包括两个方面内容：一是考核对象的针对性，如学生、教师、教育管理工作人员；二是考核内容的针对性，如学生的学习成绩、教师的教学水平、管理工作人员的工作业绩等。

最后，要建立和健全教师及管理人员的工作评价体系。高校教育管理的重心在教师，虽然当代高校教学的主体在于学生，但就教育管理的持续性偏重点而言，教师仍旧是重点关心对象。学生从高校毕业后，大多数会离开校园，少部分会留在高校，或是继续深造，或是成了教师，或是任职其他岗位，相对而言，教师和其他管理工作人员是留在高校更长久且持续更新的。从这个意义上讲，高校必须认识到教师和其他管理工作人员对教育事业的重要性，科学合理地评价教师和其他管理工作人员的工作。为此，应当建立并健全教师和其他管理工作人员工作评价体系，并与考核机制有所区别。工作评价体系侧重于"评"，以教师为例，侧重于教师的师德、教学态度、思想素质、教研能力，同时与学生测评、高校讲评工作等相互辅助配合，能比较全面地评价一个教师，其目的在于提升教师的工作积极性和鼓励教师发展创新能力。可以看出，教师评价本身就是整个教育质量评价工作的难点。另外，在建立和健全工作评价体系的过程中，高校教育发展目的、教育工作的目标和评价标准等都要科学合理地融入工作评价体系，从而实现高校教育管理的人性化，提高教育管理工作的效率和质量。

第二章 新时代"以生为本"理念下的高校教育管理实践研究

第一节 当代高校学生教育管理存在的问题与对策研究

一、高校学生教育管理存在的问题

（一）高校教育管理制度不利于创新人才的培养

1. 统一性、约束性过强与过于宽松、疏于管理

教学计划管理缺少灵活性，毕业生转学、转专科、选课、缩减或延期就读等选择受到严格限制；评价缺少多样性，成绩评定、奖学金的审批、评优等缺少统一性和规范性，使学生在学习过程中无法得到充分的发挥。尽管这有助于学生养成遵守纪律的良好习惯，系统地掌握专业知识，进一步发展认知能力，但是忽略了他们的个体差异性，不重视每个学生的发展，使他们没有创造性和积极性。他们没有自主学习的机会，自主发展的空间受限，内容和思维很容易千篇一律，从而造成高校举办千篇一律，教师授课千篇一律，毕业生发展千人一面。许多高校没有独特的教学方式和个性化的学生。

这是高校教育管理走向的另一个极端。教师教学、学生学习的压力不大，动力不足，活力不强，缺乏紧迫感、危机感；教师若干年抱着一本教材转，一个讲稿用几年，一门学科吃一辈子饭，成了名副其实的教书匠，很少进行科学研究；许多学生专业思想不牢固，无心学习，"60分万岁"，得过且过。

2. 高校教育管理制度中"缺位""错位""越位"现象严重

随着高校权利和利益关系日益复杂，法律制度的作用越来越重要。然而，

目前，在高校学生教育管理过程中，特别是学生权益与学校之间的关系缺乏明确的制度性规范，导致许多空白点无法得到有效解决，从而影响了学生管理的有序进行。缺乏法律制度依据，自然更难以保证高校教育管理制度的持久性、严肃性与连续性。

（二）传统文化思想中的消极因素影响

我国有长期闭关锁国的历史，留下许多禁锢思想、文化的遗风。传统文化中强调中庸之道，不鼓励冒险和创新，而是强调知足常乐的思想，这种思想深植于人们的心中。受此影响，许多高校办学缺乏创新性，教学管理者倾向于以同龄人的行为作为榜样，以此来规范和评价学生，使学生面临着巨大的社会压力，他们不得不小心翼翼地控制自己，以免超越他人的能力。另外，教学管理者认为发明创造是少部分人的事，对广大教师创造性的要求不是很突出，导致许多大学生故步自封。结果学校培养和造就的是一批不思进取、不求创新的"书呆子""小学究"，没有个性，也没有创造性。

传统的教育思想将学生视作"意识容器"，他们的思维受到教师的限制，书本知识的束缚，无法得到自由发展。面对学生的游戏行为，应该采取有效措施来鼓励和引导他们，而不是将其视作贪玩、调皮、不认真。有人指出，我国高校教学管理思想观念存在一些偏颇之处：注重专业知识，轻视基本理论知识；注重科学技术，轻视历史知识；注重智慧，轻视心态；注重系统，轻视个人；注重书本，轻视现实；注重课内，轻视课堂教学之外；注重灌输，轻视主动性；注重意识，轻视办法；重视学生自己攻克难关，轻视选择平坦的发展之路。

（三）教学计划管理缺乏弹性

我国大部分高校仍执行学年学分制的教学计划，计划性过强，师生回旋的余地小。课堂教学学时量大，学生自学时间少。课程安排不当，必修课占据了绝对的主导地位，而选修课的比重很小，覆盖面也很窄，缺乏普遍性。

课程教学内容的前沿性、先进性不够。具体特征表现为以下三点。第一，"传授知识"取向。课程以学科的基础知识和技能为核心，通过掌握这些基础知识，学生可以开发出更高水平的智力。第二，"科学主义"取向。课程设计应重视知识点的逻辑结构，并且注重知识点的发展历史；同时，应重视科学知识的纵向研究，并且注重科学知识的应用和相互渗透。此外，课程设计应重视传授经典思想，而不是只传授现代思想。20世纪中叶尤其是21世纪以来，新科技发展的许多新内容不能及时进入课程，一些过时内容又来不及从书本中剔除，严重影响了人才培养的科学水平。第三，"专业职业化"取向。高校课程编制以"专门化"为显著特征，课程设计应该重视学生的知识积累、学科结构和学科逻辑，并且注重培养学生的个性，以促进他们的发展。随着科技不断发展，越来越多的专业知识和技能需要被传授给特定的职业，这使我国大学课程面临着严峻的挑战。

（四）教师教学方式、师生关系的引导和管理不力

高校教学管理对教学改革的管理和师生关系的引导缺乏强有力的措施，致使现行教学水平和教学状态还不适应培养创新人才的需要。高校教学不注重创造的过程，不注重对现有知识批判、改造的态度，忽视学生独立学习、研究和创造精神的培养，对学生的标新立异、好奇心等思想火花重视不够。高校对师生缺乏有力的引导和管理措施，致使师生之间缺乏平等的交流意识，关系不够和谐。学生附和多，批判少，不平等的师生关系压抑了学生的自尊心、自信心和好奇心，它养成学生驯服的性格，不利于学生创造性的培养和发挥。

（五）大学生的管理方式依赖于"金字塔"结构的行政指令系统

1. 惯于使用训导的方法

高校学生教育管理工作者多采用训导的教育管理方式，只告诉学生"不能做什么"和"可以做什么"，这种训导式的教育管理方法难以唤醒学生的内在创造精神。

2. 惯于使用堵截的方法

高校学生教育管理工作者普遍采用"以堵为主"的管理方法，这种方法不仅能有效地控制学生的行为，而且能提高学生的学习效率和成长。这种机械呆板堵截的做法，往往是一种事后补救和惩罚性管理方法，在实际工作过程中引发了很多重大问题；同时，难以产生预期的管理效果，导致学校教育管理工作成本的增加。

3. 惯于使用灌输的方法

灌输既不是一种教授道德的方法，也不是一种道德的教学方法[①]。高校学生教育管理应该采取更加灵活的方式，而不是仅仅依靠灌输的方式。这种以说教为主的管理方法，不仅不能满足学生的道德需求，反而会阻碍他们的个性化发展，从而限制他们的全面发展。

总之，由于高校学生教育管理方法的陈旧，难以激发学生内在潜能和创造精神，更难以引导学生积极健康地成长，因此不能适应新环境和新要求。

（六）高校教育管理疲于应对新局势与新挑战

在新时代背景下，国际竞争日益激烈，文化冲突不断升级，社会经济发展需要高校培养具有全面素质的应用型人才。与此同时，高校不得不面对扩招以来毕业生人数增加带来的就业难问题。国家高度重视大学毕业生就业工作的困难，采取了多项政策措施协助他们完成创业工作愿望。为此，我国政府应该强化对高校大学生自主创新的支持政策措施，进行更好的创新金融服务和引导，推动创业基地建设，促进创新创业教育的发展，以及高校大学生自主创新项目的深入开展。然而，高校教育管理在大学生创业教育方面却无法一蹴而就，因为教育是一个长期过程，创业教育对高校而言更是一个从无到有的发展过程。作为教育单位的高校在对大学生展开创业教育时，必然会注意到与之有关的其他教育教学工作的影响，比如，创业教育与思想道德教育的互相影响。大学生走出校园，高校对其的教育必然在未来的社会学习、工作和生活中留下方方面面的影响，很多事情的最终结果可以说都与高校教育管理有着分不开的因果关系。因此，高校面对新局势、新挑战，教育管理工作难以做到游刃有余。

---

①陆志华，徐建洪. 当前高校学生工作"边缘化"倾向刍议［J］. 扬州大学学报，2004（4）：54–56.

二、高校学生教育管理存在问题的对策

（一）推动高校学生教育管理理念的创新和发展

高校教育管理的核心是学生，而教师则是其动力源泉。因此，高校教育管理必须以学生和教师的发展为基础，以提升他们的素质和能力为目标，以此来达到教育管理的最佳效果。

1. 以生为本

高等学校教育的目标应该是造就学生的全面发展，特别是在教学和人际关系方面，要坚持以学生为中心。学生是高等学校生存的根基，是高校发展的根本。英国牛津大学负责人卢卡斯指出，高等学校应该致力于培育高质量的人才，并为他们创造优越的环境。高等学校是一种育人的机构，它的目的是让学生获得更好的教育和发展。没有学生，高校就无法供给必要的教学资源和设施，也就无法进行有效的管理和服务。因此，高等学校的基本使命就是培育高质量的人才，这也是高校教师的主要任务。

随着人们对学校教育工作的日渐重视，高等学校越来越认识到以学生为中心的重要性。学生在缴纳学费的同时，也享有了作为消费者的权利，因此，高等学校有责任以优质的产品向他们提供培训，以满足他们的需求。随着教育市场的发展，高校相互之间的竞争越来越激烈，大学生和家长在选择高等教育服务时，可以根据自己的观察、了解、比较和判断，来决定投资哪些高校，以及如何更好地满足自己的需求。显而易见，那些将学生利益放在首位、以学习者需求为导向、致力于提升人才培养质量的高校更能赢得大学生的信任，从而使其成为大学生的最佳选择。

学生是学校发展的基础和支柱。毕业生是高校发展的基石，是与外界沟通的重要渠道。增加大学影响力的关键在于培养毕业生，让他们成为信息的桥梁更具意义。另外，毕业生还是进一步提高教学质量的重要因素之一。优质的学生关系不仅能提高学生的学习成果，还能让他们更好地理解高等学校，并且自觉维护高等学校的形象。毕业生是大学发展的基础，因此，大学应该重视培养富有品质和特色的毕业生，而这种品质和特色又取决于学生的发展水平。因此，大学应该致力于以学生为中心，以促进学生全面

发展为指导原则，全力提高人才培养质量。

2. 以师为本

首先，高校应将教师视为教育管理理念的实践者，他们不仅要协助教育主管实施教育思想，更要为实现教学目标提供有力的支持。教师是教育管理过程中最基础、最重要的一环，因此，要想让教学管理工作取得成功，就必须尊重教师，并以此为前提获得认可。从制定教育教学管理制度开始，高校就应该尽可能地信任教师，让他们认识到自己在教育工作中的重要性。在过程中，应该多进行沟通，包括负责人与教职工相互之间的信息沟通、教职工相互之间的信息沟通以及教师相互之间的信息沟通。高校教育管理者应该积极倾听教职工的意见，尊重他们的工作性质、特点、成绩和困难，并努力消除同事之间的误解和猜疑，以营造一种平等、凝聚、共同进步的教育管理氛围。

其次，重视教师幸福指数的提升。在当代高校中，教师压力过大已经成了普遍现象。过大的压力会压榨教师的身心、精力和思维，影响其在生活、工作中的表现，进而造成职业倦怠，降低幸福指数。因此，高校的教育管理者，尤其是领导者，必须关注教师的压力问题，想方设法减轻教师的压力。对此，笔者提出如下建议。

其一，改变过去以数量为单位的考核检查方法，转而以质量为考核内容。比如，教案是教师日常工作内容之一，也是高校考核检查教师工作常见的内容。在实践操作中，对教案的检查基本上就是看数量，其内容完整性、设计创新性、叙述逻辑性等不在检查之列。高校应当改善教学管理，更加重视质量，更加细致地审视教案的完整性和创新性。

其二，去除教师在教学任务以外的额外负担。这里的"额外负担"在不同高校略有区别，但有些是相同或是相似的。比如，每年必须上交一定数量的论文。虽然论文能体现教师科研能力的进步，但要求每年都要上交一定数量的论文，对教师而言其实是不切实际的。又如，要求教师和指定的学生进行几次有记录的谈话。这一考核内容的初衷是检查评价教师的师德，但实际上过于形式主义，被谈话的学生也比较抵触。类似以上两例的额外负担经常弄得教师心力交瘁，其实并无必要。

其三，配备更有助于教学的用具、设备。高校一直是国家教育投资的重点，因而大多数高校在资金方面相对充裕，为教职员工增加了如茶水吧一类的业余生活设施。然而，这些设施的使用率并不高。反而是便于教师工作的用具、设备的配备，特别是一些实用、新颖的新技术设备，如电子阅卷设备，经常被忽略。纸卷考试是高校经常采用的学生成绩评价手段，阅卷、评卷尤其增大期末时教师的工作压力，而利用电子阅卷机不仅能减少教师阅卷工作量，节省时间，而且电子阅卷机有统计分析功能，能为教师提供准确的数据，有利于教师改进教学方式，提高教学质量，对降低工作压力也非常有帮助。

其四，为教师营造有利于学习和研究的校园氛围。教育学家苏霍姆林斯基说："认真学习、认真学习、再认真学习，这是教师教学素养的基础，也是达成目标的基础。"之前笔者提出的三点建议都是从降低教师工作压力的角度出发的，但只是降低压力是不够的，更重要的是让教师的幸福指数获得提升。在这一方面，高校可以从提高教师成就感的角度为其发展提供有力的支持，如工作获得认可，科研取得成果等。简单来说，就是要推动教师以创造性思维取得新的成就。为此，高校应当营造适宜教师学习、研究的工作环境，让处在工作岗位和家庭生活中的教师爱上学习，爱上读书，进而取得教研成果。能够成为高校教师，其本身就具备丰富的知识积累，在此基础上进一步学习、研究，仅从教学能力上讲，教师就能在课堂上表现得得心应手。对此，高校可以采取如下措施。① 鼓励教师在工作之余学习，并且从主观上引导教师从"要我学"转变为"我要学"，让教师意识到"学而不厌"是"诲人不倦"的基础。② 每个学期适当组织教师展开集体学习活动，如读书沙龙，以轻松的交流氛围促成教师有效学习。③ 扩大教师学习的范围，不要局限于教师从业的课程教学、学科内容或是教育理论之类，而是触及更广范围的知识群，使教师能在与人交流、授课时实现旁征博引、涉猎广泛，增添个人学识魅力。④ 推荐优秀图书和鼓励教师多读书，不限制图书的品类，不硬性安排教师读书的时间。教师的工作本就与图书常打交道，除了教学所用书籍外，繁重的工作任务和生活负担让教师无暇读书。因此，高校鼓励教师读书，前提是尊重教师读书的自由选择权，同时减少不必要的各种额外形式的工作，保证教师工作以外有读书的时间和精力。

学生是教学的核心，学生的学习和发展将直接影响学校的未来发展。因此，教师应该以正确的学生观为指导，努力培养出更多优秀的学生，并且要有效地实施教学管理，以提高学校的教学质量，取得事业上的成功。总之，"以生为本""以师为本"实际上是学生、教师、学校三赢的理念。

（二）改进高校学生教育管理体系，以提高学生的学习效果

1. 构建科学的学生管理机构，以促进学生的全面发展

高校学生教育管理工作是一个复杂的、多维度的、充满变数的动态过程，需要与学校的教育、科研等部门紧密配合，并与其他系统进行有效的协调和整合，以提高效率。此外，还需要强化师生之间和学生相互之间的交流与合作，以达到更好的教育管理效果。

通过建立科学的学生管理体系，将人力、财力、物力等多方面的因素有机结合起来，以提升学生教育管理水平。从这一点来说，提高高校教育资源管理水平十分有必要。首先，要建立高校内部最佳的教育资源结构，提高教育资源利用率。建立一个最佳的教育资源结构，是指高校在确保教学质量和成果的基础上，利用人力、财力、物资、信息技术等各种资源优势，以提升学生的学习性能、科学研究水平和社会生活工作技能，达到教育资源的有效配置。其次，要合理配置、开发和使用人力资源。师资是人力资源的主体，是人力资源中最基本、最核心的资源。高校应建立合理的人力资源比例配置，深化人事制度改革，各部门之间进行资源整合，实现资源共享。此外，教学人员与科研人员可适当分离。比如，有的教师擅长授课，有的教师擅长科研，就可实行"专职教学岗"和"专职科研岗"。学校应该根据教师的专业特长和科研能力，制定不同的考核标准和激励机制，以激发他们的积极性，使他们在各种岗位上都能发挥"人尽其用"的作用。再次，规范管理闲置资源，开发闲置资源的利用潜力。在闲置物资设备管理上，学校应避免出现无人负责、无人监管、无人回收、无人维修等现象；打破封闭管理模式，实现校内外资源相互开放；灵活配置闲置资源，及时调整资源配置；最重要的是使闲置的资源得到了充分利用，避免资源浪费。最后，整合信息资源,促成信息共享。信息的共享使各单位之间的联系更加紧密,合作更加和谐,每个部门的信息资源都成为全校的共享资源,使资源能在校内各层级、各组织、各单位之间自由流动。

2. 建立明确的、权责一致的规则制度体系,以保证公平公正

高等学校应当按照毕业生专业教育的基本内容和特点,将其划分为教学、服务和管理三个不同的功能,并建立相应的组织机构。在制定这些任务时,应当明确各自的责任,以及学校、主管部门和学生双方的权利和责任,以解决"越位""误位""漏岗"问题。通过建立一套责任明确、权利分配合理的制度体系,可以更好地促进高校学生教育管理的民主化,充分发挥学生、教师、家长的参与作用,实现参与原则的最大化,从而提升学生教育管理的民主化水平,促进高校学生教育管理工作的有效实施。

(三)以"无为"思想去引导高校教育管理的行政化 [①]

1. 高校管理者应秉持"无为"理念,探寻高校发展之道

道作为宇宙之本体,自然而然地生成天地万物。高校管理活动也应效法自然之道,管理者应秉持"自然无为"的理念,按高校发展的规律行事。把这种"自然无为"作为一种理念运用到高校管理当中。首先,要求管理者明确自己的"行政职权范围",不做不该做之事。赫钦斯强调,失去了自治,高等教育就失去了精华;若行政手段干预过度,学术则会成为行政的附庸,处处向行政献媚,致使大学失去本真。因此,高校管理者应摆正自身的位置,踏踏实实地为学术团体服务,尽职尽责地做好该做的服务工作。其次,管理者应遵循高校发展之道,提拔懂教育的管理专家担任校长,抹去高校不应有的行政色彩。最后,管理者应回归"自然"。"人法地,地法天,天法道,道法自然",就要求高明的管理者要以亲切、自然、真诚的为人感化师生,心悦诚服地为其所领导,对学校产生归属感。

2. 高校管理者应遵循规律做事,不妄为

大自然有其自身的发展规律,管理活动也有其自身的规律可循,高校管理者只有循规行事,才不会妨碍高校的发展。老子曰:"我无为,而民自化;

---

① 汪一丁. 论道家"无为"思想对高校去行政化的启示 [J]. 现代教育科学, 2016 (2): 9-12.

我好静，而民自正；我无事，而民自富；我无欲，而民自朴。"管理者首先应做到"无为""好静""无事""无欲"，才能抛弃主观成见，不主观臆断、感情用事或凭借自己的喜好去决策、行事。高校发展应按其章程有条不紊地运行，而非让所谓的领导去"事无巨细，事必躬亲"。目前，我国高校中的各级行政人员利用自己手中的特权，随意解释各种规章制度，按照他们自身的利益进行取舍，使行政权力凌驾于章程之上。这种高校行政权力泛化的现象都是需要加以扭转和制约的。

3. 高校管理者要"为无为"，以达到"无不为"

管理者"为无为"是指管理者要按照大自然"无为"的运行法则行事，不过分地干预教师管理，不过多地设定各种条条框框限制教师的发展，不自恃手中的权力设定过多的指标和所谓的合理措施进行自以为是的管理。过分的管理会让被管理者感到压抑、无所适从，很难发挥自身的真实水平。其实，高校管理者在管理过程中只要遵循规律行事就可以了，不必也不需要对管理者进行过多的干预，让被管理者依据自身的才能和需要自由地发展并展现才能，就可以达到管理的目的。这种方式看似不作为，其实是按照"道"的运行法则去行事，自然能取得好的效果。

4. 高校教师管理中要强化"无为而治"的理念

"致虚极""守静笃"的无为思想主张抛弃各种功名利禄的诱惑。在高校管理中，行政权力不要过分干涉学术事务，行政人员不要过多地干预教师、学生的正常教学和科研秩序。而各种"优秀教师""名师""教学能手"评选等扰乱教师的心志、增加教师功利心与欲望的活动也应慎重举办，适当减少。真正好的管理应使管理对象摆脱各种主观成见，内心平和，专心于本职工作。因此，行政人员应秉持"虚""静"理念，不对教师教学进行过分量化评估，按照高校管理规律行事，达到"无为而治"的终极目标。

（四）构建高校教育多元评价机制

1. 构建有助于教师发展的评价体系

（1）把教学态度纳入考评体系

心态是一种主观的情绪反应，由内在的道德观念、价值观以及外在的人格情感和意志三个要素构成，它们共同构成了人们对外部事件的评论和行为取向。通常来说，心态的各个基本要素之间是相互协调的，但当它们不能达成一致时，情感就会成为决定心态的主导因素，从而影响工作态度，主要是对管理工作的严肃心态、责任感、努力程度等。教学态度是一种对教学活动的心态和看法。评价教师的教学态度很重要，一方面，可以使教学评价系统更加全面、完善；另一方面，对教师也有益处，比如，引导教师形成和纠正自己的教学意识和工作态度，促成正确教学工作态度的形成，等等。评价教师的教学态度不但是一个评价过程，而且需要收集相关的资料。这类资料包括以下几种。① 教师日常工作的相关资料。日常工作最能体现一个人最真实的从业精神、责任感和认真程度。就教师这个职业而言，备课、授课、批改作业、阅卷是最基本的日常工作，从中最能体现出一个教师从事工作的认真度、责任感。因此，应当加大教师日常工作在评价教师机制中的权重。另外，需要注意的是，对教师日常工作的相关资料的检查、评价要从实质上细致进行，不能流于形式。② 与教师有关的其他人员的资料。这方面的资料主要来自学生、家长和其他高校的管理工作人员。比如，教师与学生的互动交流、谈话结果形成的书面材料，教师与家长的互动、问卷、调研等的书面资料，等等。对这些资料进行分析、总结、统计，可以形成一个综合性的评价结果。

（2）加大对课堂教学能力的评价比例

课堂是实现美育的重要渠道，是学生的基础，更是教师提升能力的主要平台。有效的课堂教学可以减轻师生的负担，为此高校越来越重视课堂教学，并出台了各种评判标准和比赛活动。然而，大多数高校对课堂教学的评估与对教师的综合考核是两条平行线，缺乏有效的激励机制，导致教学效果不佳。这就导致教师在教学工作中忽略了对课堂教学的有效性和艺术性的研究，片面地追求分数，造成学生课业负担沉重、教师工作强度加大，也有失教育评价的公正性。因此，要将课堂教学能力考核纳入教师综合考核，且要作为重点内容进行考核，引导教师改变观念，从根本上轻松有效地提高教学质量。

（3）改革对教学成绩的评价方法

评价不是"一锤定音"之后就"完事大吉"。更明确地说，评价的目的不在于定性，其功能在于确证，是促进和改进。比如，学生的考试成绩常常作为评价教师一个学期教学成绩的主要指标，甚至部分学校基于成绩数据直接给教师工作"盖棺定论"。显然，这种评价方式是有弊端的，但从结果来讲，学生的考试成绩又是对教师教学工作评价不可或缺的重要事项。为了促进教师专业化成长和改进教学方法，激发教师的教学热情，可以调整考试成绩数据在评价系统中的权重，增加新的考核评价项目，如提升率。所谓提升率，是要在学生原本的成绩记录基础上计算每次考试之后新成绩数据的相对提升比例，从而计算出教师教学成绩的提升比例。提升率反映了教师教学的进步和发展，能激励教师在未来的教学工作中取得更好的成绩和更明显的进步，使教师获得工作的成就感。反之，如果没有提升率来评价教师工作，尤其是考试成绩数据低的教师，则会在茫然中日益消极，倍感压力并降低幸福指数。

2. 构建有助于学生发展的评价体系

（1）重视学生个性品质评价

从小学一年级到高考结束，在历时 12 年的受教育过程中，成绩一直都是学生学习评价最主要的组成部分。不仅学生自己重视，家长、学校和教师也把成绩视为评价学生最重要、最主要和最基本的内容。随着素质教育的推广，还有高校不同于以往基础教育和高中教育的教学内容、教学方法、教学目标和教学环境，成绩在学生评价体系中的权重发生了重要变化。虽然还有相当比例的家长保持自己的态度，但"成绩不再是评价学生的全部"的观点已经得到越来越多的人认可。在发展素质教育的今天，高校评价学生的系统内，个性品质评价的权重越来越高。从内容上讲，个性品质评价包括学生学习的兴趣、态度等多个方面，其中尤其值得重视的是学生在学习过程中表现出的意志——能克服困难和超越自我的品质是素质教育的目标，也是全面发展学生个性和综合能力的目标。

（2）尊重学生的自由发展空间

高校应采取积极的改革策略，不断创新培养学生管理制度评价体系，使其更加开放、科学，不仅要考查培养学生的知识积累和成绩，更要注重提高学生的能力和品质，充分发挥学生的个性特点，为他们创造更大的自由生存空间。

（3）重视学生的自我控制

为了更好地促进学生的主动性和参与热情，评价体系应该能够激发大学生的道德行为，并让他们自主选择道德行为。这样，高校学生教育管理工作才能得到更多认可。采用科学的评价体系可以帮助学生获得满足自身需求的成就感，培养他们的自主性和自我管理能力，从而更好地实现自我指导和自我激励。

（五）结合教育管理工作不同方面以形成联动效能

面对新时代和新要求，高校教育管理工作也随之发展变化，从而应对新挑战。如大学生就业难，国家出台相关政策推动大学生创业，高校也因此新增创业教育，并将其纳入原来的教育管理工作体系。在不断调整和协调教育管理工作的不同方面时，高校应当注意到其中的关联影响，进而利用这种关联影响达到更好的教育联动效能。这里笔者以创业教育与思想政治教育为例①。

1. 创业教育与高校思想政治教育结合的现实意义

创业教育作为一种新兴的教育理念，虽有生命力和创造力，但有不够成熟、片面的局限性；高校思想政治教育虽开展历程较久，具备完善的实施平台和成熟模式，但存在略显死板、偏重说教、缺乏活力的一面。二者的结合可以取长补短，相得益彰。

（1）创业教育有助于提升高校思想政治教育的有效性

被誉为"世界创业教育之父"的杰弗里·蒂蒙思在他的著作《创业学》中如此表述："创业是一个发现和捕获机会，并由此创造出新颖的产品或服务，实现其潜在价值的过程。"创业教育正是一种注重实践性的学科，充满了发现与挑战。创业教育能激发学生的创业热情，在创业过程中认识自我、

---

① 梅沁芳. 创业教育与高校思想政治教育结合的关键要素分析［J］. 理论导报，2012（3）：41–42+57.

认识社会，在实践过程中完成对理想、信念的思考和构建。将创业教育融入高校思想政治教育可以弱化传统模式下思想政治教育的"说教"色彩，寓教于实践，让学生在实践过程中完成思想政治教育。同时，创业教育可以丰富高校思想政治教育的内容，以贴近社会、贴近实践的鲜明特点，吸引学生投身实践，追求远大理想。学生在创业实践过程中，构建交易诚信观念，有助于形成良好的公民道德观念、是非观念、良好的职业素养，这是任何说教都无法做到的。学生在创业教育过程中能学到很多无法从书本和课堂上获得的知识与能力，并能更好地理解思想政治教育的重要意义。

（2）思想政治教育有助于保障创业教育的正确发展方向

思想政治教育和创业教育在本质上是相同的，在教育目标上是相近的，在教育内容上是相容的，在教育功能上是贯通的，缺乏思想政治教育的创业教育是不完整的，是缺少"安全带"的。高校的创业教育在施行的过程中，有时会变异为单纯的"财富观"教育，在学生中形成"财富"的攀比，甚至有少数学生还会不择手段以达到"致富"的目标，这就背离了创业教育的初衷。要想保障创业教育不偏离"主旋律"，就必须有思想政治教育来"把关""掌舵"。在创业教育中不丧失思想政治教育的阵地，加强学生道德修养的培养、道德意识的树立、道德行为的形成，纠正学生不良的创业观念，引导学生开展正确的创业实践，利己、利他、利国、利民。思想政治教育的内核是引导学生树立正确的世界观、人生观、价值观，这与创业教育着重培养具备创新创业能力并不矛盾，反而能支持创业教育培养出德才兼备的创新创业人才。

（3）创业教育与高校思想政治教育的互动有助于学生成长成才

创业教育是一种强调自主学习、自我发展、自我管理、自主创业的教育活动，这是以学生为主体强调实践的教育活动；高校思想政治教育是一种强调精神感染、人文关怀、道德培养、行为改变的教育活动，这也是以学生为主体强调内化的教育活动。创业教育与高校思想政治教育如果能形成良好的互动互补，融实践性、系统性于一体，既能改变高校思想政治教育形式单一、内容陈旧的刻板印象，也能避免创业教育的目标功利化，将由内及外、由里及表、由感受到领悟，实现对学生内在素养、外在形象的改变，形成积极健康的创业文化，使高校成为创业精神的生长沃土，使创业教育和高校思想政治教育都实现质的飞跃，最终实现学生成长成才的教育目标。

2. 创业教育与高校思想政治教育结合的关键要素分析

将创业教育与高校思想政治教育有机结合，必须把握天时、地利、人和三大关键要素。时机火候掌握得恰当，环境氛围营造得生动有感染力，教育主体的投入主动到位，都能使教育效果事半功倍。

（1）把握时机要素

从学生踏入高校校门的那一天起，这两种教育的共同熏陶就开始了。

第一，把握创业意识和道德修养的播种期。新生入校伊始，告别了紧张单一的高中生活，大学校园里自主自觉的学习氛围最考验一个人对自我发展方向的掌控度。此时，可开展有针对性的有关创业意识培养和大学生道德修养培育的讲座、讨论会、交流会，可以将优秀的学生树立为榜样，在新生心中种下积极进取、创新创业的火种；在思想政治类课堂教学中可以将创业教育作为新生的重点关注内容，进行全面解读，深化学生对创业的理解。

第二，把握创业技巧和诚信价值观念的磨合期。学生在投身创业之后，难免会遇到种种困难和挫折，这时既要关注创业技巧、创业方法的培训，还要强化诚信价值观在创业过程中的积极意义，不可让二者对立起来。可开展有针对性的案例学习，了解他人的成功经验，明确诚信做人做事的重要性。指导教师要贴身关怀，时刻提醒，适时引入相关专家指点迷津，帮助学生树立正确的人生观、价值观，避免学生在挫折中迷失自我，找不到方向。

第三，把握创业规划和远大理想的憧憬期。学生在创业小有成就时，往往也是危机四伏的时候。此时该何去何从，既要有细致的创业规划支撑，又要有远大的人生理想指引，二者相结合，才能让学生的成长成才之路越走越远。此时，应该提高学生的自我反思能力，架设学生与外界成功人士的联系桥梁，以信息传递、交流、研讨的方式，帮助学生提升自我、突破现状。

（2）营造环境要素

教育是有心而无痕的，是要处处有心而又无处不在的。首先，要营造宣传氛围。创造有利于创业教育与高校思想政治教育融合的校园文化和舆论氛围，以创业教育激发学生投身实践的热情和行动，在实践中以高校思想政治教育的理念引导创业，培养学生形成良好的心理素质和道德修养，使学生成为有理想、有道德、敢创业、担重任的创新创业人才。其次，要打造教育平台。创业教育的实施也离不开创业平台，高校要为学生打造能让学生自发投入、自主经营、自担风险的创业平台，要能为学生提供进行创业的必要场所，在这里，学生能得到必要的创业服务和创业指导，同时能获得及时的思想政治教育。最后，要出台扶持创业的政策，为学生开展创业实践保驾护航。"不入大海，无法获得泳技"，创业能力和经验的获得必须来自真实的创业实践，为此，高校还要为大学生提供支持创业的政策，为创业教育与高校思想政治教育的结合营造良好的软硬件环境。

（3）掌控人本要素

无论是主体学生，还是创业指导教师、思想政治教师，只要能从主观层面意识到创业教育的重要性，以及与高校思想政治教育结合的必要性，人人都可以将两种教育结合起来。作为主体的学生，可以通过自我激励、自我教育完成二者的结合；而作为教育施行者，更可以创造性地在课堂教学中、实践中、生活中，随时随地将二者自然结合起来。人是最具主观能动性的，只有内心的接受才能带来外在的改变，因此，让教育双方都深入地领会创业教育的精髓，领会思想政治教育对于创业教育的引导作用，认识到意识的转变将为行动提供无穷的动力。

创业教育要以人为本，高校思想政治教育更要以人为本，从主体的需要出发，设计创业教育和高校思想政治教育的结合点，真正让这两种教育深入人心，最终实现创业教育与高校思想政治教育结合的现实意义。首先，创业教育与高校思想政治教育结合的出发点和根本目的都是促进学生的成长成才，为此，必须深入学生的成长特点和心理需求，激发其对创业教育的兴趣，赢得其对高校思想政治教育的关注，调动学生的主动性和积极性，从而实现两种教育的融合。其次，将两种教育结合的施行者主要是教师，不管是思想政治教师还是创业指导教师，都能从一种教育获得另一种教育的支持，创业教育能推动高校思想政治教育，高校思想政治教育同样能引导创业教育。教师要学会借力使力，让教育无痕，让学生成长成才有体现。

第二节　"以生为本"理念下探索新型高校
教育管理模式

一、"以生为本"的内涵探索

"以生为本"的教育理念强调以大学生的健康发展需要为引导，以学生的自主学习和成长为核心，采取一种符合大学生个性特点的教育方式，不加任何修饰和约束，以促进学生全面发展。

"以生为本"是基于"以人为本"延伸而出的教育理念，因此探索"以生为本"的内涵也必须基于"以人为本"理念的理论基础。"以人为本"教育思想是在现代人本主义教育思想的基础上发展起来的。人本主义教育思想的产生，源于对现代科学发展中人对科学产品的使用和在智能化时代发展过程中人的价值的丧失的思考。随着科技的快速发展，科学主义成了20世纪教育发展的主流。20世纪50年代，在各国的教育改革中，种种教育思想、教学观点层出不穷。其中，认知心理学和行为主义给人性的认识分析带来困惑，教育工具化，接受教育、获取知识的快乐体验无法得到重视，教育成为人们获得更高技能与认可的一个途径。正是在科学技术不断发展的影响下，人类社会的生产、生活方式发生了很大的变化，科学改变生活，人们依赖科技，也会越来越受制于科技。因此，在教育层面，人们也越来越强调"人本主义"，旨在将人从"器物"中解放出来。现代人本主义强调，应将人类从依赖科技中解放出来，恢复人在世界中的本体地位，而非依附于科技发展。"以人为本"思想在社会发展中被赋予了重要的意义，它强调了人的主体地位，并且在教育领域中它也将人作为学习者和施教者的参与者，以此提升教学质量。教育中的"以人为本"思想旨在将教育教学活动参与者从传统教学中的非人性化的状态中解脱出来，恢复人的教学主体地位，强调了"人"的重要性，真正关注教师、学生的自我健康和可持续发展。"人本主义"理论强调，学习者应该受到尊重，并且应该以"自我实现"为目标，努力实现自身的发展和成长。它认为，学习是一个充满活力的过程，而不仅仅是一种技能的积累。还强调教育应促进教学参与者（尤其是学生）人格的完整，促进人的认知与情感的丰富、提高。

"以人为本"包括"以生为本"和"以师为本"两方面内容，其中"以生为本"是本节论述的重点。"以生为本"理念要坚持三大原则，即"尊重一切学生、一切依靠学生和依靠一切学生"。

二、"以生为本"理念下高校教育管理的内涵

在"以生为本"理念下，高校教育管理应该以学生为中心，关注学生的生命状态，实现从"为方便教师好管而设计的管理"向"为利于孩子健康发展而设计的管理"的转变。因此，高校应该有意识地遵循学生成长、成才和增长的基本规律，利用和充分调动各类教育资源，培养学生的自主学习能力，激发他们的潜力，满足他们的增长需求，从而实现从"为方便教师好管而设计的管理"向"为利于学生增长而设计的管理"的转变。高校通过开展创新型学生管理活动，致力于促进学生全面发展。

生本理念旨在以满足学生成长需求为核心，通过提升学生管理的时效性、针对性和实效性，营造有利于学生学习、生活、活动等方面发展的环境，以满足学生的需求，实现教育教学的有效性和可持续性。

大学生参加自主管理活动是生本进行管理的要求，因此，学校应该建立信任机制，搭建平台，充分发挥学生的自主管理活动能力，尊重他们的决定权和自由选择权，让他们变成自主教学、自主管理活动和自主创新的市场主体，从而为学校的发展提供有力的支持，使他们变成学校的核心行政经济管理力量，为学校的发展做出贡献。

生本管理理念旨在帮助学生实现全面、可持续的发展，通过发现和培养学生的兴趣爱好，激发他们的潜力，最终实现每个学生的可持续发展。

三、"以生为本"理念下高校教育管理的基本观点

（一）生本管理的价值观

为了大学生的健康发展，高校应该把有关学生的一切都放到第一位，以学生为中心，全面把握大学生的个体特征，以此为基础，实施有效的教学管理工作，这是生本管理的核心价值。只有这样，高校才能真正实现学生管理的价值观。

（二）生本管理的伦理观

尊重、信任和理解是生本管理的核心理念，它要求高校从内部和外部全面了解学生，深入挖掘他们的内心世界，以及了解他们所处的环境，从而更好地理解他们的需求和价值。只有这样，高校才能真正尊重每一个学生，并且给予他们最大的关爱和尊重。在教育管理实践中，生本管理强调教师应当尊重学生的个性，发掘他们的潜能，并且充分理解他们的不足之处，以便更好地满足他们的需求。

（三）生本教育的管理观

生本教育管理指出，强化校本管理工作是实现生本素质教育的关键，学校不但要注重教师的人性化管理工作，而且要注重孩子的个体化健康发展。在师本管理模式下，教师应该根据学生的实际情况，灵活调整工作时间和方式，以提高教育质量。在生本教学管理条件下，教师应当充分利用自身的敏感性和弹性，尽量减少对学生的干涉，以便更好地发挥学生的主体作用。教育管理者应当深入理解学生的需求，并以此为基础，制定出更加有效的教学管理工作措施。高校教育管理工作应该致力于培养大学生的独立思考能力和自我发展能力，以满足学生的成长需求和个性特点，并让他们能够自主管理学习和生活。

（四）生本管理的德育观

德育教育必须建立在快乐的课堂教学氛围和实践活动基础上，否则它将无法发挥最大的效用，无法达到预期的目标。生本管理理论认为，德育应该成为学生进行教育管理的核心内容，是实现教育目标的关键。在师本管理工作条件下，学生厌学是一种普遍现象，但在生本管理范式下，大学

生对读书和日常生活充满热情，积极主动地学习，努力进取，这为德育的有效实施提供了坚实的基础。

在生本管理工作中，师生应当是一种双向交流、和谐的人际关系，管理者不仅要传播生本理念，还要扮演引导学生读书和生活的角色，成为学生的合作者、指导者和监护人。此外，教师还应当不断学习，拓宽自我认识面，丰富自我学识，以提高自我能力。管理的核心在于协调，而这种协调应当建立在人格尊严基础上。

四、探索"以生为本"的高校教育管理模式

（一）建立新型平等的师生关系

建立一种平等的师生关系，需要高校充分尊重、理解和宽容学生的需求，并以此为基础，积极开展有效的学生管理工作，以满足学生的真实需求。

1. 尊重学生

高等学校教师和管理者应当充分尊重学生的个人差异，充分考虑他们的需要，并给予他们足够的关怀和尊重，提倡公平看待每一个毕业生，以适应他们不同背景下的身心需要。为了更好地协助学生解决实际困难，高校应该根据不同类群的需要建立组织，如贫困生、心理障碍者、毕业生就业者以及各种学生社团，以此为基础，为他们创造有利的环境。为了满足学生的需要，高校应该特别关注他们的人文科学需要，并开展多姿多彩的文化社会活动。高校应该协助他们找到和建立自己的精神栖息地。高校应该尊重学生，并懂得将激励和批判有机结合起来，注意发挥他们的优势，让他们在某些方面表现出色，培养他们独特的能力和人格，真正激发他们的潜能。

2. 理解学生

当面对问题时，高校教师和管理者应该从学生的角度出发，以他们的思想和行为为基础，进行换位思考，并尝试从事情的根源和背景出发，深入探讨事情的关键，协助他们找到解决的办法。在与学生交流互动的过程中，要充分考虑他们的需要，并给予适当的指导和帮助。通过与学生交流、换位思

考，以温柔的方式去感化他们。唯有当他们真正地了解到自身的困惑所在时，才可以反省自身的言行，达到灵魂的洗礼，实现自我的升华。

3. 宽容学生

作为高校教师和管理者，应当充分尊重学生的个人差异，并以包容的态度协助他们改正缺点。学生的家庭教育背景、环境、心灵素质和人格特点各不相同，因此他们的实际行为也各有不同。高校应当从爱护学生和尊重学生的角度出发，采取多种方法来对待学生，用情感和理性来说服学生，用魅力和人格来感染学生，尽量避免用严肃的方式来管理学生。用一种包容的心态去对待学生，这种包容能激发一股教育感染力，帮助学生改正错误，提升自我，从而提高学生的自信心。

（二）树立以学生为本的思维模式

1. 以学生需求为本

高校教师和管理者应该重视学生的物质和精神需求，针对不同大学生的特征，采取有效的措施，尤其关心困难大学生、障碍学习者、毕业生以及特殊兴趣人群的需求，并将其作为日常工作的重点，为他们的自我提升和发展创造良好的环境。

2. 以学生能力为本

高校教师和管理者要按照企业需求的能力指标体系，在新生入学后开展学生能力测试，然后把相关情况反馈给相关学生和教师，并根据不同的专业要求，结合能力测试结果，把班级学生划分为不同的类群，给相关学生提出建议，可以使专业教师和辅导教师的教育工作更加有的放矢。通过提升基本能力，高校指导学生在思维、知识、技能和心理素质方面尽快适应全球化时代和市场竞争的需求，培养他们成为具有应用能力的高技能人才。

3. 以学生素质为本

高校教师和管理者要关注学生的综合素质。高校大学生一般都具有较好的知识素质和技能素质，但仅仅有这些是无法适应新时代发展和社会发展的客观要求的，高校大学生还应当具有良好的思想素质和心理素质。高校教师和管理者应当将知识教育与实践紧密结合，将文化与教养有机结合，协助大学生建立明确的生存发展目标，并将其与个人理念紧密结合，通过培养和提升智商、情商，使大学生具备更强的综合能力，从而更好地满足当今时代的需求，促进学生的发展。

4. 以学生发展为本

高校教师和管理者应该将培养学生的自我成长、个体创新、终身学业、主动管理工作和自身健康发展的基本意识作为教学生活的重要组成部分，从新生入学到毕业，引导学生全面评估自身的能力和环境条件，做出合理的人生规划，树立明确的自我成才发展目标，并不断努力实现。在日常学生管理中，教师和管理者应该重视培养学生的主体意识，帮助他们实现社会化，使他们成为具有终身学习能力的人才。

（三）加强辅导员队伍的职业素养和专业能力的培养和提升

辅导员是高校教育体系中不可或缺的一部分，他们肩负着引导学生成长、促进校园稳定的重任，在大学生中充分发挥着至关重要的作用。

1. 加强辅导员队伍职业化建设

为了更好地发挥高校学生进行素质教育管理活动的作用，进行学校辅导员队伍的专职化建设工程是必不可少的。因此，高校应该给教师辅导员岗位创造更多的职业培训机遇，以帮助他们更好地定位自己的职位，并在日常工作中不断提升自身的专业素养，比如，心理辅导员训练、学生教育管理训练、生涯规划训练、创业教育训练之类。为了促进辅导员队伍的职业化发展，高校应该采取有效的激励措施，促使辅导员通过社会职业资格认证，提升他们的专业能力。

2. 加强辅导员队伍专业化建设

要通过培训、进修等方式，不断提高现有政工队伍的整体素质。要进一步加大对政工队伍的培训力度，把培养政工骨干纳入学校整体培养规划中，全面提高政工队伍的理论水平和业务水平[①]。首先，要强化辅导员专业的技术培训，实施"先训练、后就业"机制，结合岗前技术培训、任职技术培训、骨干技术培训和平时技术培训等多种形式，进一步提高教师辅导员岗位的专业技能。其次，要结合学生工作内容和思想政治教育学科的特色，

---

① 沙靖宇. 高校思想政治工作体系建设探析［J］. 边疆经济与文化，2010（2）：191–192.

激励辅导员专业深入研究，确立相应专业的研究方向，进一步提高辅导员岗位的学术素养，增强他们对学科专业的归属感。最后，高校激励辅导员不断学习和提高自身能力，以便在学生事务管理、事业策划、心理咨询等领域取得专业化和专家化的成就。高校还将提供政策支持，帮助辅导员获得更高的学历，如博士、硕士学位。

第三节　构建高校学生教育管理中人文关怀体系创新研究

一、高校学生教育管理中人文关怀的内涵与特点

（一）高校学生教育管理中应当重视人文关怀，以确保学生的健康成长与发展

在教育管理中，人文主义关注是一种以充分尊重个人地位和个人差异为基础的教育模式，旨在适应学习者的个人需要，激发他们的主体能力、积极力和创造力，从而促进他们的发展。

在大学教育管理中，人文科学关爱是一种重要的观念，它倡导以人为本教学，完全尊重每个学生的人格，充分考虑他们的内心需要，彰显他们的存在意义和人生价值。因此，高校应该在教育管理中增加感情投入，关注学生的个体发展，充分挖掘他们的潜力，落实他们的价值观，并加入人文关怀的观念，以促进学生的全面发展。将人文关怀纳入教育管理的全过程，以达到对学生的真正关心、尊重和培养，从而达到最佳的教育效果。

（二）高校学生教育管理中人文关怀的重要性和作用是不可忽视的

1. 教育性

高校应该加强对学生的人文关怀，以提升管理水平，使学生充分发挥其作用。任何社会组织的性能能否得以充分发挥，关键在于管理的水平，而管理水平的高低则在于管理行为的合理程度，因此，管理准备实现什么成果、实际的管理运作是否以及如何为此预期提供服务，是组织管理问题研究的重

点，也是管理的价值能否实现的关键。学校教育作为特殊的社会组织活动，其价值的实现无疑也需要相应管理的支持①。因此，管理者需要深入研究如何实现预期目标，以及如何有效地实施管理，以达到最佳的管理效果。学校教育作为一种特殊的社会组织活动，其价值的实现需要有效的管理支持。"以人为本"提出了人文关怀的教育理念，旨在通过教育来培养学生的思想，让他们正确认识自身价值，并在完成学业的同时促进个性发展和能力培养，以达到预期的目标。在大学教育管理中，人文主义关注的不仅仅是一个体制上的教学，更是一个深入人心的融合性教学。它以关怀学生为出发点，通过心灵的沟通，引领学生树立正确的人生观，从而提高学生的整体素养。通过强调人文关怀，高校可以实现高校学生教育管理的长期发展，为学生提供更多的自主发展机会，促进学生全面发展。

2. 人文性

人文性是一种深植于马克思主义哲学和人文主义的传统特性，它强调人与自然、人与社会历史之间的和谐关系，并致力于培养人们对自然和社会的诚实守信。在高校学生教育管理工作中，人文性的体现在于通过提高学生的人文主义知识水平来达到这一目标。人文素质教育就是利用教育手段来提升、扩展人的价值，使掌握科学技术的人认识自己的价值，实现和创造自己的价值，在德智体美等方面和谐发展②。人文素养培养在于通过教学手段培养学生的核心价值观，让学生认识到自身的人生价值，并在德智体美等领域获得发展。高校为大学生提供了一个自由的环境，让他们接受马克思主义人文精神的教育，以便其进一步地理解现实，扩展自己的人生价值，改变生活现状，并满足时代文化精神的需要。在高校教育管理中，人文关怀是一种求真务实的态度，它遵从高等教育规律，以学生的需求为中心，全面提升人文素养。

3. 发展性

在高校学生教育管理中，人文关怀和个体发展是密不可分的。马克思

① 刘丙元. 教育性：学校管理的始点与旨归［J］. 教育发展研究，2007（18）：1-4.
② 万朝晖. 大学生人文素质教育初探［J］. 中国成人教育，2007（10）：7-8.

主义哲学认为，人是社会主义的一部分，而不是抽象的概念。因此，高校应该注重大学生的心理健康，培育他们的性格健康，使他们变成对社会主义有益的人才。在当今社会中，人的发展是高校的目标。为了促进教育的现代化发展，高校必须提高人们的权利和尊严，为他们的权利和福祉提供服务。当代理念提倡以包容的态度去注重学生的学习和生活，全面关心他们的身心，并帮助他们获得健康发展。在这种情况下，融入人文关怀不仅符合学生的发展需求，也是教育管理的现实需求。

4. 职业性

在当今这个竞争激烈的时代，高校应当致力于培养学生成为全面发展的人才，以满足未来社会对他们的职业需求。由于经济的迅速发展和高校的推进，高校管理制度在不断转变，因此，高校在就业指导工作流程中应当以学生为中心，强调人文关怀，以促进学生成长为主导思想。高校在就业教育中应当坚持人文关怀教学思路，以培养学生的精神为核心，注重学生的人格价值观、尊严观，尤其注重学生的就业前景，以此为基础，全面关注学生的发展，关注学生的生存状况、成才环境条件和未来蓬勃发展状况，努力营造一种富有关爱、充满希望的就业环境。

5. 实践性

在高校学生教育管理中，人文主义关爱是贯穿始终的重要指导思想，高校学生教育管理中人文关怀是以教育实践活动的对象大学生为出发点，整个教育实践中人与人文关怀都是贯穿马克思哲学的重要思想路线。而马克思主义哲学的根本是实践转向与人文关怀之间的融合①。高校学生教育管理实践体系是一个复杂而又完整的教育系统工程，要想让学生发挥出最大的潜能，就必须把他们视为有活力、有发展潜力、有尊严的人。同时，教师和学生应该成为一个协作共进的整体，以此来推动"轮回"的不断发展，使教育管理实践系统更加有序、高效。通过最大限度地利用高校学生教育管理实践体系，高校可以培养出优秀的人才。

---

① 张均瑶. 马克思主义哲学中的人文关怀［J］. 人民论坛，2011（2）：236-237.

二、高校教育管理中人性关怀缺失的表现

（一）学生缺乏学习自主权，无法自由选择学习方向和课程内容

1. 学生选择学习进程的自由

学生可以根据自身的能力和实际情况，自由地选择学习进程，以便更好地完成大学学业。这样可以满足学生之间差异性的需求，并为他们未来的发展提供更多的可能性。然而，许多学校有严格的规定，以确保每个专业的学生在指定的时间内学习需要的课程和内容。即使有一点选择余地，也是设置了无数的限制条件。学生个人几乎没有选择学习进程的权利和自由。

2. 学生选择教师的自由度小

大学生来自五湖四海，本身也是各有特点，在学习风格更自由的高校里，对适合自己的教师也提出了教学需求。高校教师也是人，有自己的个性与特性，能力与知识水平也各有偏颇，课堂教学设计、授课语言风格、讲课水准也是各有特色。比如，有的教师理论功底扎实、学术水平高，有的教师知识渊博、案例丰富，有的教师善于思维推导，等等。不同教师不同的教学风格适应不同的学生，自然会有特定接受群体的学生需求的教学风格，从这个角度来看，学生选择教师不仅能满足其特定的学习需要，而且从效率上讲，因为学生的数量绝对多于教师，所以这也是能在最大范围协调好师生双向选择的较好方式。然而，虽然学生可以通过选修课的方式获得一定的选择权利，但是除了高校举办讲座活动时学生能选择听哪位教授的演讲外，其余课程能选择教师的自由度是微乎其微的。尽管有少量的选修课程可供学生选择，但是大多数学生仍然无法选择自己喜欢的教师，因为他们没有足够的时间和精力去了解自己的兴趣爱好。

3. 学生在选择学习方式时缺乏自主性

大学生的心智和生理都比初中生更完善，因此，学校应该努力提供多元化的学习和表现。然而，在国内有些高校，尤其是某些理工科院校，其行政制度与初中并无太大差别，比如，他们可以自由选择上课时间，但必须遵守严谨的出勤管理制度，并对触犯规则的学生实行严苛的处分。教师

在课堂上应该点名，教务和学生管理部门应该安排专人负责抽查，出勤率应该与学生的平时成绩和奖学金评选相关。针对缺课和逃课的行为，各院校基本上都采用了相似的惩罚措施：如果某门学科缺课到达某个限度，那么学生将无法通过该学科的期末考试，也无法获得该科目的学分。

（二）教师主体地位未能得到落实

学校是育人的地方，教师是主要的工作者和创造者。高校教育管理应当充分发挥教职工的积极性和创造性，让他们参与学校教学管理的各项事务，参与制定有效的教育制度，而不是仅仅消极地接受命令。然而，现实情况是，由于缺少有效的机会和平台，教师很难参与教学管理制度的制定，只能消极地接受，没有责任心、使命感，也没有主人翁意识。

（三）教育管理行政化现象严重，民主氛围淡化

大学教育应该是一种充满个性和创造力的教育，它应该尊重知识和人才，并通过激发教师课堂教学和管理工作的积极性来实现。"行政部门化"的高校充分遵循行政管理机构的规章制度，各种管理人员是主导者，是控制大学运转的中心和主人，教学和科研工作者在很大程度上成为"螺丝钉"的一部分，缺乏独立自主发展的能力，也缺乏参与制度创新的能力。尽管行政部门团队中拥有很多事业技术人才和管理工作精英，尤其是一些重要负责人，他们也是专业领导者，但是由于大学的行政管理机构过于集权，这部分人才也被迫被"行政部门化"，成为"机构工作者"的一部分。由于教师缺乏参与管理工作的能力，学生无法积极融入校园的民主氛围。

三、构建高校学生教育管理中的人文关怀体系

（一）高校学生教育管理中人文关怀的指导思想、目标和原则

1. 在高校教育管理中，人文关怀应成为重点

古语曰："济大事者，必以人为本。"注重人的生命与价值。这是中华传统文化的基本精神，自古而今源远流长、含弘光大[①]。"以人为本"是一

---

① 丁兆丹. 济大事者，必以人为本［N］.光明日报，2022-08-26（2）.

种以人文关怀为指导思想的高校学生教育管理方式，全心全意为人民服务是党的根本宗旨，党的一切奋斗和工作都是为了造福人民。要始终把实现好、维护好、发展好广大人民的根本利益作为党和国家一切工作的出发点和落脚点，尊重人民主体地位，发挥人民首创精神，保障人民各项权益，走共同富裕道路，促进人的全面发展，做到发展为了人民、发展依靠人民，发展成果由人民共享。"以人为本"既体现了马克思主义哲学人文关怀的主导思想，也体现了我国高等教育办人民满意教育的根本宗旨。高校应当以"以人为本"为指导思想，以满足当代大学生的基本需求为核心，积极关注他们的健康成长和成才，为他们提供专业学习、就业选择和社会生活中的实际帮助，推进大学生的全面发展。"以人为本"的教育规律在高校学生教育管理中得到了充分体现，它不仅是一种尊重、理解、关心和爱护大学生的有效方式，更是一种促使大学生全面发展、协调高校教育管理、取得可持续发展的重要保障。

2. 在高校学生教育管理中，人文关怀是高校的核心目标

在高校学生教育管理中，人文关怀的目标：一是通过育人功能来促进学生的全面发展；二是解决学生人群中存在的明显的社会问题，引导他们成长；三是培育学生的人文主义核心素养，造就他们健康的性格。高校学生教育管理工作的重点是培育考试成绩合格的普通高校生，以满足他们的生活、健康发展、尊严等需要为出发点和归宿，并以尊重、了解、关心、促进学生全面发展为价值思路，以提升普通大学生自身的思想道德素质、人文素质、科学技术文化素养和身心健康基本素质为核心，提升大学生创新的能力、适应社会的能力，以期在大学生成长过程中发挥重要作用。

3. 高校学生教育管理中人文关怀的原则

人文科学关怀是高校教育管理中不可或缺的一部分，它反映了高校教育管理工作的原则。其中，科学性原则是最重要的，它要求高校以科学的理论指导学生，让他们成为改变客观世界的有力力量。必须以科学的态度深入探究高校学生教育管理工作的规律和要求，以和谐的教学理念和发展理念引导大学生，用真实的知识和经验指导他们成长。在高校教育管理过程中，高校应该重点培养大学生的自理能力。经过学校教育管理人员的正确指导，

高校可以强化学生的自立、自强、自爱、自重、公平、竞争和自主探索的意志。在教育与自学结合的过程中，高校可以帮助学生学会自我管理和服务。高校学生教育管理的目标是解答大学生关于思想问题的提问，因此，高校应该坚持实用性基本原则，将解答大学生关于思想问题的提问与解答实践紧密结合，努力为大学生提供切实的帮助，让他们从日常生活中获得切实的收获，从而更好地理解和掌握党的理论。教育管理者应该以真诚的态度关注大学生，并且尽力协助他们解决实际问题，这样才能使他们充分发挥积极作用。

（二）人文关怀是高校学生教育管理中缺少内容的组成部分

高校学生教育管理中人文关怀应该具有实际的内容，从具体的内容教育过程中体现出对大学生的关爱、启迪、指导和管理。

1. 思想道德教育

为了让学生具备爱国、爱党、遵守法律法规、心理健康，积极参与社会主义现代化建设的优良品质，思想道德教育必须以加强社会公德、职业道德和家庭美德教育为基础，以集体主义精神、社会责任感和艰苦创业精神为指导，以培养一代"四有"的社会主义现代化建设者为宗旨，努力营造良好的社会环境，培养学生成为社会主义现代化建设事业的接班人和建设者。高校德育应该根据学生的思想和行为特点，以及社会发展的需求，不断更新思想道德教育内容，以满足学生的需求。

2. 信念价值教育

在高校学生教育管理中，信心培养应该侧重于两个方面：一是培养大学生的共同理想，即建立一个具有中国特色的社会主义国家；二是引领大学生确立自己的伟大信仰，即为完成社会主义中国梦而不懈努力奋进。这是新时代大学生理想信念课程的重要内容。通过信念培养，高校可以加强学生对马克思主义、共产主义、组织的信心，并为建立一个具有中国特色的社会主义国家而不懈努力。

3. 人文素质教育

从内涵角度来看，人文素质关注的是一个人的精神与人格，是将优秀的精神文化融入一言一行的内在优秀品质和外在表现的综合素质。从外延角度来看，人文素质的内容非常丰富，如知识层面，人文知识基本囊括了全部文科理论，如文学、哲学、艺术、优秀民族文化、历史传统、生活技艺等；精神层面，人文精神主要涵盖了各种积极价值观念，如爱国主义精神、坚韧不屈的精神、团队合作的精神等。开展人文素质教育，培养学生的人文素养，就学生而言，是培养其内在精神和人格修养，将人文知识、人文精神等内化于学生的个性品质，从而提升个人的综合素质，以应对未来的发展、必然面临的各种压力；就高校而言，人文素质教育既是教育管理中不可或缺的重要组成部分，也是培养学生创新精神、创新能力、适应社会发展需要的必要工作，更是为了实现高等教育培养全面发展的高素质人才的目标。

当今时代，知识、信息、技术更新换代的速度极快，不同学科之间互相交叉、渗透，边缘学科、横断学科等的学习研究需要一个"链"来完成新的构架。这个"链"就是"人文"。人文素养是一种内化于人的内在品质，个性发展、创新思维、团队合作、诚实守信等可以丰富学生的精神内核，以人文素养架构全面、多元的个人"知识库"，从而提升学生的综合素质，使其具备符合社会发展需要的综合能力。

4. 行为规范教育

行为规范可以从两个层面理解：一是"行为"，即学生以自己的主观意识所为之行动；二是"规范"，即外在的行为规则，告诉学生哪些可以做，哪些不可以。行为规范教育也是高校学生教育管理中的重要内容，加强行为规范教育，关键在于提高学生遵守规范的意识和运用规范的自主能动性。高校学生教育管理中行为规范教育的内容非常丰富，包括以下几点。① 行为意识，即学生基于对社会规范的认知而在面对不同情况时表现出来的辨别、判断、思考等意识活动，以及在此过程中达到的社会普遍道德水平。② 公共行为，即学生参加公共活动时表现出的文明教养和行为举动。一般来说，良好的公共行为不仅符合基本文化道德的要求和特定场合的特殊规定，而且在日常公共场合表现为礼貌的言谈举止、合宜的人际交往等。③ 团体行为，即学生加入人群，在与他人交往或实践活动中的具体行为符合团体的共同价值观，并被广泛认可。这些具体行为出于个人思想意识，在团体活动中体现出来。除了以上三种，行为规范教育还有学习行为、生活行为、网络行为等，如学生参与校园文化建设、保护生态环境、抵制网络恶意留言等。

5. 学生学习管理教育

不能把专业学习管理教育等同于高校教育管理教育中的教学管理。人文关怀是高校学习管理教育的核心，内容包括新生入学教育、网络学习教育、考试诚信教育、专业培养目标教育、学习方法论教育等。通过学生学习管理教育，高校帮助学生适应大学校园的学习、生活，了解自己应当知道的专业学习外的其他信息，从而激发学生学习的主动性和积极性，发掘自身的潜能，找到学习的方向，养成良好的学习习惯，有效管理自主学习效果，形成诚实的应试态度，进而提升自己专业的学业成绩，提升自身的综合应用能力，更好地实现自己未来的人生价值。高校要创新学生学习管理教育的方式和途径，高标准地培养学生成为社会需要的专业人才。

6. 心理健康教育

在高校学生教育管理中，高校致力于培养具有多元化个性、健康心理、自由发展的新一代，并将促进他们自由全面发展作为高校最终的目标和宗旨。高校学生教育管理中心理健康教育包括如下内容。① 知识形态的心理健康教育，即人的心理发展的基本规律、知识体系，目的是让学生分析并理解自身与他人的心理健康状态。② 经验形态的心理健康教育，即在经验基础上构架个人心理健康世界。也就是说，指导学生结合自身的意识、感知、理解和体验，与心理健康知识结合起来，从而形成具有学生自身特性的心理世界，保证心理健康。③ 活动形态的心理健康教育，即在学习、生活等实践活动基础上培养心理健康的有关能力。这是一种有活动参与才能进行的心理教育，目的是培养学生的心理调控能力、道德心理能力等。④价值形态的心理健康教育，即关于学生的人格发展、价值观培养的心理健康教育。价值形态的心理健康教育要与前三种教育相结合，才能达到较好的效果。

7. 实践活动教育

高校学生教育管理中的实践活动是人才培养不可或缺的过程，是提高大学生专业实践技能的重要手段。社会实践活动教育包括寒暑假的社会调查和服务，重要的是要与专业相结合，进行专业实践[①]。学生接受高等教育自然不是为了在考卷上得到一个分数，而是为了将自己所学运用于未来的社会生活，因此，实践活动就成了高校学生教育管理中一个不可或缺的环节。从某种程度上来说，专业实践活动教育能体现高校的专业教学质量。此外，高校学生教育管理中的实践活动依据院校性质及其专业设置而不同。以理工类高校和艺术类高校为例。理工类高校的专业，如水利水电工程、测控技术与仪器、机械设计制造及其自动化、生物技术、理论与应用力学等，相应的专业实践活动教育活动则可以组织学生开展工艺设计、产品性能测试、环境质量检测、水利工程实地勘察等。艺术类高校的专业，如音乐舞蹈表演艺术、音乐教育、艺术设计、服装设计、装饰艺术设计等，相应的专业实践活动教育活动则可以组织学生开展文艺演出、外出写生、年级画展、时尚服装秀、艺术作品制作等。高校通过开展实践性教育活动，引导学生正确认识自己的学业知识、专业能力，了解自己掌握的专业技能在社会生活中的实际应用效果和满足社会需求的水平，从而提高自己的专业素质，培养社会责任感和职业道德。

（三）构建高校学生教育管理中人文关怀的评价体系

科学评价高校学生教育管理中人文关怀的成效，可以总结高校学生教育管理中人文关怀取得的经验，发现不足，积极推进高校学生教育管理工作向更高水平发展。

1. 高校学生教育管理中人文关怀的评价意义

首先，高校应该明确人文主义关怀在高校学生思想政治教育中的重要性。通过对人文关怀的评估，高校可以更好地理解它的意义，并加强它在这一过程中的作用。人文关怀是我国高校学生的核心价值观系统，因此，高校应该加强对人文关怀的研究，以便更好地实现这一目标。

其次，通过开展人文关怀测评，可以有效地完善高校学生教育管理各

---

① 丁晓华，李承敬. 学生社会实践活动与专业实践技能培养［J］. 重庆科技学院学报（社会科学版），2010（2）：159–161.

项工作体系，提高其实效性。此外，测评也是学生教育过程中不可或缺的一环，它不但可以为学校教育质量管理的目标确定、教学内容设置和教学方法选用等提出合理参考方案，而且可以帮助学校及时总结和反映情况，以便进一步完善学生教育管理过程，提高学生教育管理工作的预见度和有效性，更好地实现学生的发展目标。通过这种方式，高校可以有效地提高对高校学生的人文关怀。

最后，有利于拓宽高校学生教育管理的研究视野。通过运用马克思主义哲学的理论指导，高校可以建立一个完善的人文关怀评价体系，帮助高校学生更好地理解和实践自己的价值观，并从感性认识的角度出发，创新教育管理的内容、形式和方法，从而提升高校学生的综合素质，促进学生的全面发展。

2. 评估高校学生教育管理中人文关怀的标准

人文关怀评价是高校学生教育管理工作的组成部分，它需要系统化地进行，并且要求在实施过程中避免主观性和随意性，以确保学生的思想政治教育和学生教育管理的有效实施。

（1）方向性原则

为了确保高校学生教育管理的有效性和准确性，高校必须坚持正确的舆论导向，并采取有针对性、实效性、文化吸引和感染性的措施，提升人文关怀评价的质量和方向。

（2）全面性原则

评估高校学生教育管理中的人文关怀是一项重要的工作，它不仅是思想政治教育的一个方面，而且应该注重评估指标和过程的全面性。

（3）客观性原则

客观性原则要求反映真实性。就高校学生教育管理工作而言，必须保持求真务实的态度，科学、严谨、实际地采取可行性的措施和方法，使其能贯穿高校学生教育管理工作人文关怀的全过程，并且效果是真实的。

（4）可操作性原则

高校学生教育管理中体现人文关怀的评价方案不能是"花架子"，要求有明确的评价目的，评价的方法要具备可操作性，评价的过程要简洁，评价的结果要便于定性，获得的数据要便于定量。总之，高校学生教育管理人文关怀评价要符合实际、可行的基本要求。

（5）发展性原则

人文关怀本身就是具备发展性的，自然而然地，高校学生教育管理中人文关怀评价也应当是一种具备发展性的活动。想要得到一个简单的终结性结论总是容易的，但高校学生教育管理中人文关怀评价关注的从来不是结论，而是过程。同时，人文关怀评价的过程和评价的结论都是为了促进高校学生教育管理更好地发展。

3. 评价高校学生教育管理中人文主义关怀的重要指标

为了更好地评价高校教育管理中的人文主义关怀，高校应该采用科学合理的评价指标，以确保评价的真实性、公平性和科学性。具体来说，应该采用以下两个评价目标。① 基本条件指标。通过对高校教育管理中人文关怀的管理制度、队伍、物质条件等因素做出全面评价，以及实施有效的过程指标，能更好地促进学生的发展。可以通过日常教育管理服务、校园文化活动、社会实践等对高校学生教育管理中人文关怀进行过程实施评价。② 效果目标指标。可以通过对高校学生教育管理中人文关怀的个体效果和集体效果进行效果目标评价。个体效果评价可以包括对学生个体理想信念、道德品质、基本素质等情况的评价。群体效果评价可以包括对学校的校风学风、校纪校规、学校声誉等情况的评价。

第四节　学生参与高校教育教学管理创新实践研究

一、学生参与高校教育教学管理工作的原则

（一）自愿性原则

在整个高校教育管理的过程中，学生的参与是必不可少的。但需要注意的是，学生参与高校教育管理的具体工作不能是强制性的。换句话说，高校必须尊重学生的选择，在学生本人自愿的基础上，包括学生参与的方式、

参与的工作内容、参与的过程等，都要充分地尊重学生的意愿。

（二）平等性原则

学生参与高校教育教学管理工作，必然要和高校的领导、中层干部、管理工作人员和教师打交道，但除了职位、职务等行政性的隶属关系外，学生与以上人员的地位是平等的；参与高校教育教学管理工作的学生依旧是学生，与其他学生在权利、义务和地位上一律都是平等的。总之，无人能凌驾于权利与义务之上，不存在特权，一概等同看待。

（三）教育性原则

学生参与高校教育管理，反映的是我国高等教育的育人理念，目的是培养社会需要的人才和实现国家的培养计划;同时，学生参与高校教育管理，本身也是对学生全面发展综合能力培养内容的一部分。总之，为了更好地教育学生，在参与高校教育管理的具体工作中，学生能获得实际的锻炼机会，不仅能提高学生的应急管理能力，而且能增长见识。

（四）公益性原则

高校是一个"小社会"，其中必然有公共权益存在。在高校中，学生所占人数比例总是最高的。从这个角度来看，学生在高校教育管理过程中发出的声音必然反映着他们的权益，也维护着其自身与其他未参与教育管理学生的利益。

（五）合法性原则

学生参与高校教育管理工作必须在法律法规允许的范围内；同时，有关国家政策、国家教育改革趋势也是学生在具体高校教育管理工作中应当注意的。学生参与高校教育管理工作的所有步骤都必须有法可依，有法必依。

二、学生参与高校教育教学管理工作的主要特征

（一）主动性

学生应该以积极的态度参与学校管理，充分发挥自身的潜能，提出有效的建议，以便更好地实现学校的目标。作为学校的主人，学生应该以自

己的行动推动学校的发展。

（二）依附性

学校管理是大学生参与学习和生活的基础，它不仅是大学生参与学习和生活的主要依托，而且是大学生参与学习和生活的重要基础。学校管理的类型决定了大学生参与学习和生活的性质、范围和方式等。

（三）有限性

学生参与学校管理的范围有限，涉及的领域和手段也有限，他们只能参与高校管理工作中极其有限的一部分。由于学生的专业知识和能力有限，因此他们参与管理的程度应该根据实际情况进行调整。

（四）短期性

学生在校的学习时间是短暂的，且学习期间的主要任务是获取知识，这就导致他们对学校管理的历史和长期规划缺乏兴趣，最重要的是缺乏长期规划必备的基础能力和水平。因此，大学生更适合参与短期性的学校管理。

（五）业余性

学生参与学校教育管理的业余性表现出三个显著特征。首先，他们并非专职的行政部门管理者，而是利用课余时间参与管理活动；其次，他们拥有丰富的管理工作经验；最后，他们积极参与管理工作，并且愿意付出努力以获得报酬。

三、学生参与高校教育管理的必要性

（一）实现高校内部均衡的有效方式

在传统的高校行政管理模式中，学生往往处于劣势地位，他们应享有的权利得不到有效保障。为了改变这种不公平的状况，高校和教育部门应当建立完善的规章制度，以学生的利益为重点，确保学生的基本权利得到充分保障，让学生参与到高校的教育教学管理工作中，从而实现公平、公正的发展。只有学生自己才是真正站在自身的角度想问题。如此一来，大学生在学习的同时，其权益也在日常生活中得到充分保护。

当然，学生参与到高校的教育教学管理工作中并不意味着任何教育管理行为都有学生的身影，真正需要有学生参与的是涉及学生切身利益的地方。通过学生和教师共同参与高校的教育教学管理过程，可以有效地缓解矛盾和冲突，促进他们之间的沟通和交流，增强团队凝聚力，使高校管理者和学生能更好地协作，推动高校管理的民主化和科学化，从而提升高校教育管理水平。

（二）为了满足学生角色转变带来的实际需求，高校必须采取行动

在当今的教育理念中，学生不再是被动地接受知识，而是有机会发挥自己的潜能，获得更多的知识。随着高等教育大众化背景的到来，这一观念的弊端日益显露。随着基础教育的普及，高等学校成为教学公共服务的提供商，应当尽可能地为大学生提供最基本的公共服务，以确保他们的基本权益得到保障。此外，大学生的主体意识和维权意识也应该得到加强。因此，学校应该采取更多措施，让学生参与与自身利益息息相关的管理事务，以满足学生的需求。然而，目前国内实行的就是以学术权力和行政权力为主体的权力模式，这种管理模式不能有效地激发学生的积极性和创造力。如果继续采用"以生为本"模式，就不可能真正满足学生的需求，因此，高校必须建立一种以保护学生利益为核心的模式，让学生参与到高校教育教学管理中来。

（三）维护学生合法权益的保证

大学生群体具备更高的教育水平，他们的知识储备更加完整，心智也更加成熟，他们具备独立思考能力和创新意识，维权意识、自由意识和法律意识都获得了显著提升，他们对待自身利益有关的事情具备较强的积极参与意识，表示愿望也更加鲜明，他们更希望能以真正主人翁的身份积极参与校园的自律管理工作和活动。为了确保学生在高校教育教学管理中的合法权益得到充分保障，高校需要建立一个完备的管理制度，明确规定并落实大学生的权益，以便他们能积极参与管理工作，并且能发挥出自己的智慧和力量。只有通过激发学生的积极性和创造力，才能更好地保护学生群体的合法权益，实现最大的社会效益。

四、学生参与高校教育教学管理工作的建议

（一）树立新观念，培养学生的参与意识及能力

1. 树立正确的学生民主参与意识

西方发达国家历来重视民主，在高校这个"小社会"中，西方国家高校的管理者甚至认为学生才是教育、教学和管理的主体。高校学生年轻、生机勃勃、思维活跃，具有鲜明的个性，了解自身的需求，乐于创造新生事物，也会积极面对崭新的问题。因此，西方国家高校的管理者重视学生参与高校教育教学管理工作。在实践中，西方国家高校的管理者通常比较尊重学生的意见和表达的声音，给予学生适时引导；西方国家高校为学生参与教育教学管理制定相应的制度和章程，构建学生管理工作的框架，在制度与框架下允许学生自由发挥；当高校需要做出重大决策时，西方国家高校的管理者也会与学生商讨，参考学生的意见。

当前，我国高校还在持续进行教育改革。这是一个"摸着石头过河"的探索过程，想要获得成功，就需要有学生的参与，高校、教师和学生必须通力合作。高校教育管理者必须认识到学生参与的重要性，并给予学生充分的权利和机会，以激发他们的积极性和创造力。高校应该为大学生提供良好的环境，让他们有机会参与各种活动和管理工作，发挥自己的智慧和能力，并且有权表达自己的观点。在学生参与高校教育管理过程中，从高校的角度来看，可以借鉴西方国家高校的做法，以正确引导学生为先，教育并培养学生的自我管理能力和应急管理能力，同时激发学生的创造性思维，让学生能保持参与教育管理活动的热情；从学生的角度来看，学生要认识到参与教育管理具体工作的真正意义在于培养自身各个方面的综合应用能力，特别是管理能力，同时要勤于思考，为高校发展献计献策。

2. 学生要提高自身的参与能力

虽然意识能指导人的行动，但参与高校教育管理工作更重要的是具备相应的能力。首先，学生要了解高校教育管理的有关规定、章程和办事流程，明确自身的权利与义务。其次，学生要有冷静的头脑，做事要有条理性。

换句话说，学生能管理好自己，才能去管理别人，即明确自己可以做什么、不能做什么。最后，学生要有相关教育管理工作内容对应的能力。比如，让一个善于绘画的艺术生去组织校园绘画展，是很合适的。在这一高校教育管理过程中，学生不仅会积极行使自己的权利，而且会在实践过程中提高自己的专业能力和管理能力。

（二）尊重学生的自主权利，确保他们充分参与课堂活动

在中国，学生参与的高校管理活动应与他们的个人利益紧密相关。高校应该积极鼓励学生参与学校的管理活动，包括参与行政事务、教学管理、后勤管理等，以提高学生的综合素质和能力。此外，学校还应当设置更多的职能岗位，让学生有机会深入学习，以提升自身的能力，并为学校的发展做出贡献。只有通过这种方式，学生才能充分发挥主动性。

（三）加强学生干部队伍建设，拓宽学生参与的渠道，以提升学生的素质和能力

我国学生入学通常都是 6 周岁，经过 12 年的学校教育进入高校的基本上都是 18 周岁以上，是法律意义上的成年人。虽然因为过往经历都集中于学校与家庭，在人生经历、社会阅历方面逊色于真正意义上的成年人，但也具备一定程度的工作能力和团队意识，因而相对成熟的高校学生干部有资格、有能力参与高校教育管理活动，在学生管理工作中能发挥出巨大的作用。从学生到学生干部历来是一个过程，高校学生干部要承担的责任远比中小学的更重要，因而高校学生干部的培养要更讲究系统性。对于高校而言，首要任务在于选拔，毕竟不是所有的大学生都适合培养成为干部。首先，要有严格、合理的选拔制度，并且科学地予以执行。高校教育管理工作的内容多样，不同类型的高校也会有各种差别，因此，选拔制度要有对应性，做到科学、合理、严格，从而选出适合的人选。其次，要有切合实际的选拔方式，且选拔方式简单，可执行度高。最后，高校教师和教育管理者要注意民主意见，通过平时观察、了解来发现、确认可用人才，结合民主测评，实现学生干部选拔的服众性。

为了鼓励高校学生干部能热情、勇敢地完成工作，高校教育管理者要充分尊重他们的决定，信任他们，支持和肯定他们的创新想法，帮助他们完善自己的新思路，并且要敢于放权，支持学生干部的工作与组织活动。当工作中出现问题时，高校不要急着否认或是教训学生干部，而是要首先肯定他们工作积极的一面，其次以谈话的方式讨论问题出现的原因或是工作中的不足之处，引导学生干部进行反思，开发他们的管理能力，采用激励式的教育方式，以防止学生干部因害怕犯错而缩手缩脚。

为了更好地管理学生，高校应当制定一套考核制度，旨在评估每个学生干事的政治思想、业务、身体质量和基本道德。通过这一考核，每个学生干事不仅要负责管理普通大学生，还要为他们提供服务，受到社会各界的共同监督。此外，高校还应从严规定他们的日常生活举止、遵守纪律和文明修为，以树立榜样。在当今素质教育的大环境下，学生干部作为学生工作的重要支柱，具备良好的学习成绩、出色的能力和优良的作风，对于高校学生管理工作至关重要。

（四）加强管理队伍的建设，引导学生参与管理

加强学生管理工作团队的专业化培养和能力提升。为了提升学生管理工作的效率和质量，高校应该建立一套完善的培训机制，以提高学生管理工作队伍成员的知识和学历水平，加强与学生管理工作相关的学科建设，并培养学生吃苦耐劳的精神，磨砺他们的意志，确保他们在管理过程中的公正性和公平性，以期实现长远发展，为学生带来更多福祉。

（五）建立完善的制度框架，为学生参与管理提供有力的制度支持和保障

为了确保学生参与权的有效实施，高校应当建立完善的法律保障机制，制定严格的规章制度，以确保学生参与的合法性和有效性。国家制定的法律法规、政策方针等是高校必须遵循的最高行为准则，学生参与高校教育管理也必须有法必依。因此，高校必须在法律法规、政策方针的基础上结合本校的具体情况，制定具有可操作性的高校规章制度，以正式有效的法则性文件方式保证其执行力，具体可以包括如下制度。

① 学生参与高校重大事项的制度，比如，组成学生代表团来参与高校发展重大事项的讨论会和审议过程，以书面形式将学生的意见记录在案并形成案卷以备未来反思。

②学生与高校领导层交流沟通的定期制度，以保证高校管理的顶层领导始终关注学生的意愿，了解学生的想法，尤其要关注当与学生切身利益相关的重大事件发生后学生的意见。

③学生参与的监督制度，比如，成立由学生代表和高校教育管理工作人员组成的监督委员会，对高校各项决策、政策等落实情况、执行情况跟踪观察，及时提交监督报告，以确保高校的良性发展。

总之，正式有效的法则性文件方式是学生参与高校教育管理的坚实后盾，也是学生开展相关工作的有力武器，合理合法地参与高校教育管理工作，才能更快、更好地促进高校继续发展和培养人才。

第三章　高校艺术教育基本理论概述

第一节　高校艺术教育的内涵、理论基础与作用

一、高校艺术教育的内涵

关于艺术教育的内涵理解，国内外学者各有观点，莫衷一是。下面列举几个具有代表性的观点。

魏传义主编的《艺术教育学》是这样界定的：广义的艺术教育，是指在日常生活中，一切因接触艺术作品、参与艺术活动（包括艺术创作和欣赏）而产生艺术兴趣、获得艺术能力、提高艺术修养的活动。狭义的艺术教育，则是指按照一定的社会要求，对受教育者所施加的一种有目的、有计划、有系统的艺术影响，学校是其主要实施场所[①]。

贺志朴和姜敏合著的《艺术教育学》中艺术教育的概念为：艺术教育是以艺术为媒介，培养人的艺术能力与艺术境界的自由有序的系统活动[②]。

彭吉象在《艺术学概论》中认为：从狭义上讲，艺术教育被理解为为培育艺术家或专业艺术人才所进行的各种理论和实践教育……从广义上讲，艺术教育作为美育的核心，它的根本目标是培养全面发展的人，而不是为了培养专业艺术工作者[③]。

程春云在《艺术教育概论》中论述：艺术教育有狭义和广义两种含义：狭义的艺术教育，指的是在专门的艺术院校……按照既定的培养目标，制订详细的教学计划，相应地开设各类专业艺术课程，加强专业实践训练，以提

---

① 魏传义. 艺术教育学［M］. 重庆：重庆出版社，1990.
② 贺志朴，姜敏. 艺术教育学［M］. 北京：人民出版社，2001.
③ 彭吉象. 艺术学概论［M］. 北京：北京大学出版社，2009.

高学生的艺术创造才能和掌握艺术技巧，使之成为专业的艺术工作者或艺术家；广义的艺术教育，又称公共艺术教育，指的是各级各类学校以及在家庭、社会中，面对全体学生和广大人民群众广泛开展的艺术教育[①]。

周德昌主编的《简明教育词典》指出，艺术教育应当从广义和狭义两个方面来定义。其中，广义的艺术教育，是指在群众中广泛开展审美教育的一种形式，即通过美学或艺术原理的讲授，运用音乐、舞蹈、绘画、雕塑、文学、戏剧、电影等艺术手段，着重对人们进行的情操教育，其目的是提高人们的审美能力和艺术欣赏水平，陶冶人们的性情和塑造人们的心灵，使人的个性得到健康、全面的发展。狭义的艺术教育，是指各种院校专门训练艺术才能与技巧，提高学生的审美素质和艺术创造能力，使之成为艺术家或艺术工作者。

郭声健在《艺术教育的异化问题》中认为，真正的艺术教育是艺术的教育和艺术化教育的有机结合。艺术教育是指在艺术性的教育氛围里，教育者采用艺术性的教育教学方法，向受教育者施加以艺术为内容的教育影响，使受教育者具备基本的艺术审美素养，从而为受教育者的全面发展发挥出自身特有的功能。艺术教育是综合了美术、音乐、书法等多种艺术表现形式和手段，以视觉、听觉、想象等艺术门类为媒介而进行的教育活动[②]。

高校艺术教育是一种广泛的、普及性的教育，旨在提高大学生的艺术素养和人文修养。在我国，高校艺术教育有两种形式：一种是专门艺术类高校，如中央美术学院、中国戏曲学院、中央音乐学院、中国人民解放军艺术学院文艺研究所、上海市戏曲学校等，这些高校旨在培育优秀的文艺人才，并为他们进行系统而专门的培训。另一种是非专门艺术类高校，它们不仅进行专门的美术教学，而且为大学生创造实践性平台，让他们在艺术领域取得更大的成就。北京大学、复旦大学、首都师范学院等综合型、师范类高校，不仅为社会培养出大量的专门艺术人才，而且为中小学提供了丰富

① 程春云. 艺术教育概论［M］. 昆明：云南大学出版社，2009.
② 郭声健. 艺术教育的异化问题［J］. 人民教育，2004（5）：65-69.

多彩的艺术教育环境，让学生在校期间能接触到全面的艺术。

二、高校艺术教育的基础

（一）以学科为基础的艺术教育（DBAE）理论

DBAE 理论强调了艺术教育的多元性和综合性，它提出了美术教育应该包括四个主要领域：创作、美学批判、美术史和美学。DBAE 理论提倡艺术教育应该具有学科性。DBAE 理论的内容主要来自这些基础性的艺术学科，每门学科都能让学生对艺术品有丰富的体验。

DBAE 理论的总体目标是"培养一种健康发展的艺术理解力"，包括艺术理解能力和欣赏能力，以及艺术创作能力等各种能力。要对这种艺术理解力进行培养与提高，须做到以下几个方面：其一，要使学生认识各种艺术材料，并能熟练掌握与控制材料的使用方法；其二，观察作品构成要素的特性，并加深理解，体验材料的复杂性；其三，要拥有艺术史方面的知识，并具备批判性思维的能力，能对艺术、文化与历史进行独立思考，能正确看待社会、道德、政治与经济等方面的问题。

（二）多元智能理论

1983 年，美籍心理医师霍华德·加德纳给出了一种全新的概念——多元智能发展理论。该理论自提出以来，在世界各国引起广泛关注。多元智能理论认为，个体的智能不是单一的，而是多元的。加德纳的多元智能理论最初只有 7 种智能，包括语言智能、逻辑—数学智能、空间智能、音乐智能、身体运动智能、人际智能与自我认识智能；之后，加德纳又确认了 2 种智能的存在，即自然观察智能和存在智能。由于存在智能没有确切证据，只能作为"二分之一"种智能存在，即通常所称的"8.5 个智能"，而艺术则贯穿这 8.5 个智能。加德纳认为，艺术是人类历史上最伟大的创造之一，它不仅能帮助人们获取艺术经验，培养审美能力，而且能直接或间接地、显性或隐性地激发和培养人类多种智能，从而使人们在成长过程中更加全面、有效地发展自身的能力。这一观点使艺术教育的地位获得前所未有的提高。

在艺术实践中，加德纳致力于培养"有能力满足自身艺术需要的大众艺术家"[①]，他不仅要求他的学生掌握技能技巧、绘画基础和培养，而且要求他们发挥想象力和创造力，在维持愉快心境的状态下，将绘画教学与创造的形式技术应用到其他领域，以获得全方位、整体性的成长。

（三）人格本位理论

人格本位理论认为，教育应该是为了满足个人的需求，而不仅仅是为了培养他们的本能。它主张人类天生就具有进一步发展本能的潜力，因此教育的最终目的应该是让人们自由发展，以发掘个人的最大潜能。裴斯泰洛齐是一位杰出的教育家，他认为教育应该以尊重个体本性为前提，让每个人都能发挥自身的潜能，而不是仅仅关注某种特定的能力，而是要适度地、平衡地发展人的各项才能，以实现人的天赋或力量的健康和谐。因此，裴斯泰洛齐主张教育应该实现全方位、自主、和谐的发展。

健全人格需要经历一个不断完善的过程，是人的精神力量的集中体现。人格本位理论强调，在教育过程中，要培养被教育者的品格，让他们在思维品质层面健康成长，拥有坚强的意志力和信心，在遇到问题时能主动解决，从而获取更高的成就感和自信。人格本位理论符合教育发展的内在规律，它是在社会与经济发展的基础上应运而生的。

当今，大学教学的目标之一是培养健康的性格，这也是 21 世纪基础教育开发的一项重点。人格教育旨在培养人的心理健康、道德、智慧、人格情感、毅力、伦理和人际交往等领域的综合素质，以期培养出具有积极健康人格的人才，实现全面发展。突出"人格本位"教育，既符合"以人为本"的理念，又体现出教育的功能与目标。

三、高校艺术教育的作用

（一）实施审美教育

高校美育的核心目标之一是培养学生的审美能力，而艺术教育则是为

---

① 郭声健. 艺术教育论［M］. 上海：上海教育出版社，1999.

了更好地培养这种能力，从而提升学生的审美素养。离开审美，艺术的价值、功能和意义将不复存在，只剩下一种空洞的虚无。

美育旨在帮助学生通过学习艺术课程，获取丰富的美学经验，并训练他们认识和评价美的技能，从而增强他们的美学认识。通过这种方式，他们可以更好地理解艺术作品，并与之建立联系。美育不仅能让他们了解正确的审美方式，还能帮助他们通过学习艺术经验理解作品的特点、技法和效果，从而形成一种独特的艺术体验。这就是艺术课程的重要价值所在。美育是增强大学生审美素养和能力的重要手段，在高校中，它可以帮助学生培养情操和情感。因此，实施审美教育和培养审美素养都离不开美育。

（二）落实立德树人

艺术和道德教育在学校教育中都扮演着重要的角色。道德教育在支撑艺术教育的同时，艺术教育要促进道德教育的发展；反之，艺术教育在滋养道德教育的同时，要在一定程度上促进艺术教育的健康形成。道德教育自身的完善过程离不开艺术教育的进程，二者是相互依存、不可替代的。2014 年，教育部发布《有关促进学校艺术教育健康发展的几个建议》，强调了美育在落实立德树人方面的重要性，并将其作为实现高校教育目标的重要载体和媒介。审美情趣是人格健康的主要组成部分，它贯穿立德树人的整个过程。在高等教育德育中，公共美术教学应该渗透到美学感知，并充分发挥其主要功能，使学习者可以感受到优秀作品的美，并对其心理产生潜移默化的影响。与单调的讲授相比，美育对学习者的影响往往是不知不觉的，只要他们接受了这种教学，他们的内在情感就会不自觉地被激活或唤起。通过艺术实践，高校不仅可以提高校园文化品质，创造良好的校园文化氛围，而且可以将艺术课程从感性转变为理性，从而使学生的思想得到良性发展，这对于高校的教学意义是显而易见的。

（三）培养创新能力

艺术教育旨在培养学生的创造性思维，通过扩散思想和结合逻辑思考来提高的能力。这种方法可以帮助学生发挥出最大的潜力，并为他们的未来做好准备。

美术是一门能提高学生认知力发展的艺术，它与其他艺术有所不同，常常采用直接的艺术形象来表现真实生活。因此，画画有助于训练学生的感知力和记忆力。此外，画画还需要学习者进行观察和想象，因此，画画有助于锻炼学习者的观察力、空间想象力和注意力。

歌曲是一门能激发学生想象力的艺术，它能透过歌曲传达艺术家内在的精神情感和思考。它是一个抽象表达的艺术，能让人随着乐曲的旋律而感受到情感的变化，从而实现对乐曲的理解和表达。如在欣赏阿炳的《二泉映月》时，你能感受到一位盲人在饱尝生活的凄惨与辛酸之后情绪的释放，旋律委婉、凄凉，给人如诉如泣的感觉，尤其是第四段达到全曲高潮，仿佛可以感受到阿炳的灵魂在心灵深处发出的呼喊，那是一种歇斯底里、愤怒至极的呼喊，使学生的情绪在乐曲中回荡不已。

通过舞蹈艺术，学生可以提高动作思维能力。舞蹈的语言、节拍、动作表情和结构等要素有助于拓展他们的活动印象力，增强他们的形体记忆，并激发他们的情感记忆。这些因素有助于提升学生动作思维能力。每次共同完成一项活动，学生都必须通过肢体和大脑来感知音乐节拍，相互配合可以帮助学生开发思维。

（四）促进身心健康

保持身体健康是心理健康的关键，而高校学生承受的压力过大，容易导致疲劳和心理问题的出现。实际上，许多高校学生面临着不同的问题和病症。美术教学在这方面发挥着不可替代的作用，它能帮助学生培养美好的心灵、完善个性、提高自主意志和调适才能。通过了解各类美术形式，学习者能拓宽视野，增加审美感受，充实内心世界的感情表现。经过艺术学习和交流，学习者有助于提高人际沟通能力，扩展人际交往范畴。此外，这也有助于释放其他方面的压力，使心灵获得稳定和良好发展，并引导学生逐步建立起健康的心理状态。因此，公共艺术教育对于学习者的心理健康和全面提升是必不可少的。

（五）塑造健全人格

艺术教学旨在培养学生追求美的精神境界，让他们拥有完善的人格，并以崇高的理想去面对现实。朱光潜说："教育的功用就在于顺应人类求知、想好、爱美的天性，使人在这三个方面得到最大限度的发展，以达到完美的生活。"①艺术教学不仅能塑造学生的人格，而且能深刻地影响他们的心灵。艺术教育不仅能培养学生的社会责任感，还能激发他们对自身潜能的自我规划和开发，让他们更加热爱生命，追求人生的价值和意义。

（六）陶冶、丰富情感

人类的情感是不可或缺的，教育也不例外。情感应该作为艺术教育的桥梁，让学生自发地通过实践体验，融入自身人格情感，从而获得自我教育的能力。梁启超认为，古来大宗教家大教育家，都最注意情感的陶养。老实说，是把情感教育放在第一位，情感教育最大的利器，就是艺术：音乐、美术、文学这三件法宝，把"情感秘密"的钥匙都掌住了②。美育是一种将教育放到首位的有效方式，"以情感人""以情动人"提供了一种有效的手段，能协助人把握情感秘密，从而培养和教化他们的人格情感。它不仅仅是一种理想的手段，更是一种有效的方法，能协助学生更好地了解和把握人格情感，提升他们的情感素养。

第二节　我国高校艺术教育的历史传统

一、我国艺术教育思想的历史沿革

我国是一个艺术理论和艺术实践品类齐全、种类丰富的艺术大国。中国古典美学思想中蕴含了大量丰富而系统的艺术思想，这些理论及实践资源是今天高校建设艺术学科重要的智慧宝库。

（一）礼乐文化

艺术教育的历史可以追溯到古代中国，礼乐文化是其中一项很重要的因素。早在 2000 多年前，中国就开始了艺术教育的探索和实践。这种教育

---

① 朱光潜. 朱光潜全集：第 4 卷 [M]. 合肥：安徽教育出版社，1987.
② 梁启超. 梁启超全集：第 7 册 [M]. 北京：北京出版社，1999.

方式不但有助于培养学生的审美意识，而且为学生建造了一个个展现才能的平台。"兴于诗，立于礼，成于乐"是孔子创立的一种艺术观念，它为"礼乐相济"打下了基础，并将符合儒家礼仪的艺术作为人生修养的主要部分 ①。此外，《庄子》也明确提出了一些关于艺术教育的观点，为中国古代文化发展做出了重要贡献。礼乐在中国古代社会中占据着极其重要的地位，它们是中华民族古代文明的基石，夏、商、周三代都以礼仪和乐曲来传播文化，以此来促进社会的发展与进步。礼乐教育不仅是一种政治制度，更是一种社会责任，它旨在维护社会等级制度和社会秩序的统一，同时致力于培养社会成员的道德素质，引导社会成员形成良好的个人行为习惯。它不仅关乎伦理规范，更是一种重要的教育课题。《礼记·乐记》提出："以礼节来调节民心，以乐和民生来维护政治秩序，以刑罚来防止违反。这样，王道就得以完善。"礼乐文化传统在中国古代社会的地位是极为重要的。"礼乐文化也是中国的元艺术，是中华民族爱美心理形成的文化根源。礼，理也，为中华民族艺术播下了理性精神并产生深远的历史影响；乐，在远古时代是综合体艺术，包含多种艺术因素。"② 随着历史的发展，从古代艺术形态逐渐分化出如诗歌文学、音乐舞蹈、戏剧表演、视觉艺术等各门类艺术。

（二）孔子的美学主张

孔子通过礼乐教化实施"仁政"主张。孔子对《韶》乐的完美评价令人叹为观止，他甚至在三个月内都不知道肉味，而又于有生之年仍然耗费巨大精力去研究"正乐"，他还强调了艺术教育在社会中的重要性，并且认为"诗，可以兴，可以观，可以群，可以怨"（《论语·阳货》）。由理想人格的培养进展到对社会生活的认识，达到社会和谐的层面。孔子作为中国美学的一位奠基人，他明确提出了一种新的审美观念：将德行品格文艺化，并将审美精神人格情感伦理学化。他强调诗歌要柔和敦厚，乐曲要广博易良，并且要符合礼仪，以便让人们感受到仁慈和勇气。"仁而不仁，如礼何？人

---

① 彭吉象. 艺术教育中国梦 ［J］. 艺术教育，2013（10）：14—15.
② 聂振斌. 儒学与艺术教育 ［M］. 南京：南京出版社，2006.

而不仁，如乐何？"（《论语·八佾》）中孔子的仁学思想表现在审美评价工作层面，即以仁贯艺，以德贯勇，以礼约人，进而明确提出内容整体、美善整体、情理统一的理念。

（三）荀子的美育思想

荀况强调艺术教育对群体规范的培养。荀子认为，人类的放纵会导致不可挽回的恶果，因此必须采取行动来改变它。"化性起伪"提出，圣人极力推崇礼乐教化、法度规章，以此改变人类的恶性，使其不再受到后天的人为作用的影响，从而达到改善社会的目的。

"无伪则性不能自美。"荀子认为，声音对人的负面影响是深远而强大的，它能在不知不觉中彻底改变人的心性，并且能潜移默化地干扰人们的行为。他强调了美育在自然本性和社会属性之间的中介作用，这体现出古代思想家对美育的重视程度，他们认为应该以实际的社会规范和秩序去重塑人类，使其从恶变为善，以达到改善人们行为的目的。

（四）蔡元培对艺术教育的贡献

蔡元培从构建艺术教育系统的理论出发，注重科学因素和艺术意象形式在艺术教育媒介中的统一，把艺术教育的目的落实在知识和学习中。蔡元培认为"陶养情感"和"以美育代宗教"是中国文化的核心，它们体现了中国人对艺术、审美和宗教的独特理解，是中国文化精神的重要组成部分。

蔡元培在担任北京大学校董时期，主张德、智、体、美四育并重，并极力推行美术教育。他认为，"高等教育的内容虽然也很多，但其中最重要的是社会科学和美术"，"美术"就是指艺术。蔡元培认为，美术不仅能促进社会文化提高，还能培育健全的人格，使国民拥有更崇高的精神。"文化进步的国民，既然实施科学教育，尤要普及美术教育。"当时，面对社会问题曾一度兴起"一切归功于宗教观，遂欲以基督教导国人"的思潮，蔡元培提出著名的"以美育代宗教说"，要"舍宗教而易之以纯粹之美育"[①]。他

---

① 张晓黎. 北京大学艺术教育的传统、现状和未来［J］. 思想政治教育研究，2011（10）：137–139.

主张要实现社会文化提高，就必须发展科学高等教育，特别是美术。

（五）王国维对美育的倡导

王国维认为，艺术教学是达成人类发展目标的重要手段，是唤起人们觉知、洞察世人的必然方法。在《论教学之主旨》中，他指出："教育之事亦分为三部：智育、德育（即意育）、美育（即情育）是也。"[①] 王国维强调，德育和智育的重要性是众所周知的，但是往往被忽视或者被轻视。然而，德育、智育和美育是人类内在知识和意识的体现，它们既相互独立又相互支撑，是从人的心理需要入手，达到真善美的理念而产生的某种情操引导和价值观。

二、我国高校艺术教育的当代发展

艺术教育在我国高校正式推广始于 20 世纪 80 年代初期，至今已经发展了 40 多年。

（一）起步阶段

在艺术教育的早期阶段，高校的发展并不顺利，课程数量不足，主要是通过选修课的形式提供的。与之相对应的教学内容主要停留在艺术欣赏层面上。艺术教育的发展已经超越了传统的选修课形式，数量庞大，而且有专门的机构提供相关教育，师资力量也得到了极大提升，教学质量和普及性也得到了极大改善。总体来说，在这个阶段，高校艺术教育基本上为半自发和半主动的阶段。

（二）发展阶段

随着《全国学校艺术教育总体规划（1989—2000 年）》的出台，高校艺术教育进入了一个新的发展阶段。为了更好地培养学生的艺术素养，普通高校应该大力推广艺术选修课程，努力打造一个具有时代特色的艺术教育体系。这一举措具有重要意义，它预示着艺术教育正在迈向一个全新的发展阶段。在 20 世纪 90 年代，独立的艺术教育机构开始在全国高校全面广泛设立，艺

---

① 舒新城. 近代中国教育史料［M］. 北京：中国人民大学出版社，2012.

术教育本身也开始具备基本的师资力量，国家也加大了对这方面的投入，可以说，艺术教育在我国已经基本迈入稳定发展阶段。

（三）创新阶段

自 21 世纪以来，我国社会经济进入了大发展时期、文化事业进入了大繁荣阶段，在此现实背景下，我国高校进入了快速发展阶段，学校的数量、招生的规模逐年扩大，高校对学生成才培养模式也不断改革、不断创新，让学生实现全面协调综合性的发展，提升学生的综合素质教养，不断提高学生的人生格调和价值品位，帮助学生更加健康地发展。2004 年，中国首次举行了人才培养管理工作大会，明确提出了人才强国策略，以提高人才培养的质量为目标，并对高等教育进行了整体改造，以更好地培育高质量的人才。在新思路、新理念的指引下，教育内容和方法都产生了变化，以满足社会发展的需求。随着素质教育的不断深入，艺术教育也受到了越来越多的关注和重视，成为当今社会发展的重要动力。自此，我国高校艺术教育也步入新的创新阶段。

当前全国 1000 多所高校中，多数高校开设了相关的艺术教育课程。不管是在制度建设，还是在师资力量层面，或是科学研究等诸多层面上，高校艺术教育都取得了长发展。

值得注意的是，总体来看，艺术教育在高校仍然没有获得充分重视，发展水平也比较低，所处的地位还不是很高；在实践教学中，艺术教育依然是被放置在次要位置上。基于此，必须深度改革高校艺术教育，提升艺术教育的质量和水平，推动艺术教育在高校的发展，充分实现高校艺术教育在综合素质人才培养方面作出贡献。

第三节　我国高校艺术教育的课程实施

艺术课程是为了发展学生综合的艺术表达能力而设置的一门课程。它主要涉及音乐、美术、舞蹈、书法和影视等各方面的表现手段，对于培养学生的艺术能力和文化素养具有重要作用，从而促进学生的全面发展和综合素质的提高[①]。

一、高校艺术教育课程的主要类型

（一）必修课程和选修课程

艺术课程包含了各种形式，如绘画、声乐、中国书法、戏曲和舞蹈。这些形式之间有着密切联系，不仅能促进人们在各个方面的能力发展，还能提高创新和实践能力。必修课程可以帮学生形成扎实、必要、系统的艺术知识结构，选修课则可以全方位地提高艺术修养，具备广博的学识，不断提高艺术欣赏、表现和创造能力，进而将这些能力融入实际学习、生活和工作。

（二）理论课程和实践课程

理论课程和实践课程是矛盾的统一体。当代课程知识观认为，知识是学习者个体与所处社会历史文化相互作用的产物，也是理论与实践互相作用的结果。艺术作为文化的载体，尤其是那些经典艺术作品，不仅经得住时间的考验，还是艺术理论与精华的融合和体现。因此，学生要掌握这些精髓，就需要了解其发展的历史，充分理解、掌握理论基础知识。实现审美、创造和实践动手能力的关键在于理论基础知识，而这些知识又必须不断地被转化为实际的技能，以便将其应用到工作和生活中。艺术是一门实用性很强的专业，学生了解的知识最终都要转化为实际的技能，以便更好地应用到实践中。因此，艺术教育就要强调实践动手能力，在把理论基础知识转化为实践操作的同时，提升艺术修养和创造动手能力，进而为他们今后在激烈的社会竞争中提供有力的实力。

艺术教育的理论课程和实践课程对于培养高职学生的必要能力是必不可少的。为了提高艺术教育的质量，高等学校应该在设置中既重视基础理论教学，也重视实践性教学。通过协调这两者的比例，高校可以最大限度地提升学生的能力，并使教学系统更加完善。

---

① 王朝晖. 高职院校艺术教育课程设置改革［J］. 艺海，2014（6）：164–165.

二、高校艺术教育课程设置的基本原则

（一）艺术教育内容与目标相一致原则

高等学校在育人时，不但要注重提升学生的历史知识水平，更要注重提高他们的创新和实践技能，因此，在选择艺术教育课程内容时，应当特别注重实践性和创新性。除此之外，在艺术作品的选择上，要融汇古今中外，对作品的讲解不仅注重内容美的赏析，更重要的是形式美，教会学生如何欣赏、如何将"美"的元素运用到实际生活与工作中。艺术教育内容的选择与设计，不是将各门类的艺术作品进行简单的堆积与介绍，而是要围绕艺术教育目标和高校人才培养特点，选取最具典型性和最有效果的内容。

（二）知识性、时代性和实用性并重原则

知识性，即要使学生科学、有效地掌握艺术作品中的基础知识与精华，以及掌握基本的创作技能与方法。在艺术教育课程中的具体体现就是理论知识、审美规律及表现技法。因而，艺术教育课程内容的选择应当包含使学生具有审美能力必备的基本知识、技能和将这些知识迁移运用到现实生活中的能力。时代性是指艺术课程的内容应当反映当下社会的发展趋势，并且要关注学生的实际经历，以便更好地与社会生活联系起来。此外，还应该根据时代的变化及时进行调整和更新。艺术教育课程内容的选材大多是长久不衰的经典作品，既是艺术技艺的展示，也是文化底蕴的展现，更是社会现实的反映。艺术作品的艺术价值和生命力，就在于它折射出来的内在情感[1]。然而，除了学习经典作品外，艺术教育课程还要与时俱进，选择符合当前时代发展趋势的内容。实用性旨在让学生在日常生活中获得实用的知识和技能。高职院校旨在为社会培养实用、服务型人才，因而在内容的选取上要更具有实用性。

（三）理论与实践相结合原则

实践是对所学理论知识的检验与运用，理论知识是实践的基础并指导实

---

[1] 陈依使. 试论经典艺术作品鉴赏的思想教育功能［J］. 南平师专学报，2005（3）：154-156+85.

践的进行。艺术本身是一种实践活动，因而艺术欣赏与创作成为艺术教育课程的重要组成部分。艺术欣赏与创作都需要掌握一定的艺术理论知识，理论知识是人们长期以来对艺术形成的认知与规律，学生需要在此基础上对艺术作品进行欣赏与评判，并在自己已有的知识经验上发挥想象力进行实践创作。为此，在艺术教育课程内容的选择上一定要注意理论与实践的搭配与融合。为突出高职学生实践能力强的特点，要加强艺术实践的比重。

三、高校艺术教育课程的实施保障

（一）政策制度

政策制度对课程具有规范性和强制性，它的建立与完善有助于课程内容的实施，是体现办学理念和发展目标的基本保障。在课程实施制度上，首先，要建立健全科学、规范的高职院校艺术教育课程内容实施制度，实现学校人才培养的终极目标。为此，地方政府和学校主管部门在政策上对艺术教育课程更加重视，鼓励广大艺术教师实践创新，充分开发有助于艺术教育课程内容实施的管理制度。其次，明确艺术教育课程的决策和规划程序。决策与规划是课程实施的关键环节，它对于课程性质的定位、课程目标与价值、结构优化和培养模式等方面具有特殊意义。这一环节需要相关人员各履其职，明晰工作程序以及确定课程规划的意义，进而研制出课程实施的具体方案。再次，规范艺术教育课程开发与实施过程。在课程的设置与实施上，既要遵循相应的原理与标准，又不能完全照抄规定的标准和规定的教材上课。教师要对课程内容进行再开发创造，强调课程实施的灵活性与创造性。最后，建立艺术教育评价制度。教育改革一直是凭借试卷考试进行质量测评的模式，加强对课程实施过程的关注。

（二）师资队伍

师资队伍是培养人才的关键，是实现艺术教育课程内容的主要实施者，影响着课程目标的实现。

首先，优化艺术教育师资队伍结构。艺术教育师资队伍结构需要不断优化升级，形成以中青年教师为主体、朝着年轻化方向发展的学科梯队；

不断提高艺术教育教师自身学历水平，积极鼓励在职教育或继续教育等方式不断完善师资队伍学历结构。此外，学校要建立完善科学、公平、有效的评聘体制，制定符合实际的评定细则，让广大新青年艺术教育教师有提升职称的机会。

其次，扩大师资来源。艺术源于生活，所有的艺术实践最终都要回归生活，创新思维与创意想法最后也会服务于社会生活。外聘民间艺人、艺术家为客座教师，将会为高职院校的艺术教育师资力量融入新的血液。与此同时，学生学的内容最大化地与实际生活相联系，为迈入社会打下坚定的基础。

再次，拓展师资培训的途径。艺术教育教师应该积极参与各种形式的继续教育，以满足自身专业发展的需求，同时不要影响工作和学校的正常运转。这些继续教育包括国内外访问学者、重大课题研究者和在职博士等。另外，要加强学校与学校、艺术教育教师与艺术教育教师之间的资源、经验共享，在不断交流中提高艺术教育教师的水平。

最后，艺术教育教师要不断提高自身的综合素质。第一，艺术教育教师应当在学习专业知识的基础上，加强对心理学、高等教育、社会学和人体学等理论知识的学习，以提升自身文化修养；第二，跨学科学习已经成为当今教育发展的趋势，艺术教育教师应当具备跨学科综合性学习的能力，在创造出提问情境的同时，协助学习者把握解题的技巧，并将其运用到实际生活中；第三，要积极探索艺术教育的新方式，不断提升教学质量，让学习者在艺术教育中获得更多的乐趣和成就感。教师应该深入了解艺术课程的培养目标，并结合每个学习者的身体健康发展水准和接收能力，根据他们的兴趣，采用有效的教学方法，引导学生关心自然环境和社会，努力营造一个能启发学生创造力的氛围。

（三）课程资源

课程资源是一切能转化为学校课程或是能服务学校的各种富有价值的条件。课程硬资源，是指为了确保学校教学质量而提供的必要设备和材料，包含课程、现场、书库、实验室、教学设备、教学资源等。课程软资源，是指为了培养学生的创新能力、实践技能、情感态度等而提供的资源。除了学校的教学资源外，课程还包含自然环境、社会文化和网络资源等多种多样的内容。

艺术教育作为实践性很强的课程，必须有专门的固定场所满足学生需求的硬性条件。如音乐课需要配备音响设备、多媒体设备、话筒、灯光、音响、钢琴、手风琴等现代化设备，美术课需要画材、模特、静物、画册、书画资料等与之相关的设施与材料等。高校应该主动开发课程资源，以适应师生不同的需求。一方面，应该加强对当地资源的研究和利用，特别是中华优秀传统民间艺术文化的保护和传承；另一方面，应该积极地开拓信息化课程来源，充分利用网络，获取最新的艺术教学资源，开发新的内容，探讨新的方法，以提高艺术修养能力。

四、高校艺术教育课程的实施保障建议

（一）大力推进美术课程的发展，以提高大学生的美术文化素养

我国高校的艺术教育发展较晚，在人才培养领域更加注重实践技能和工作能力，忽视了人文科学综合能力，尤其是美育领域的发展，导致艺术教育课程设置出现许多重大问题。为此，笔者建议高校加大艺术教育课程的建设力度。第一，高校应该摒弃传统观念，认识到美术教育对高校的重要性；第二，设置多种美术选修课，举办多姿多彩的美术教学活动；第三，选择科学有效的美术教学内容，强调实用性；第四，建立网络信息平台，在高校的门户网站、微博、微信、电台等媒体上开展美术教育传播，让他们在潜移默化中接受美术陶冶；第五，选用适合高职学生的美术教育教材，以提高他们的艺术修养和素养；第六，建立一个具有地方特色和时代发展特征的美术教育教材编写团队，组建一批结构合理、总量充裕、专业素质较高且富于激情的师资队伍，以提升美术教育的质量和效果。

（二）完善师资队伍的建设

当前，许多高校面临着艺术教师数量不足、师资结构不合理、教师专业能力不足、教学科研水平落后等问题。针对这些问题可以实施如下几点建议。首先，引进高水平的艺术教育专业教师，充分发挥学科带头人和骨

干作用；同时，邀请校外专家和艺人担任兼职教师。其次，加大对艺术教育教师的培养力度，派他们去国内外知名高校进行学习与交流，进而开阔他们的艺术视野和改变传统公共教育理念，全方位提升教师的综合素质。再次，艺术教育教师要向"双师型"教师靠拢，能将艺术与高职院校培养人才的特色紧密结合，进行科学、有效的艺术教育教学。最后，改善艺术教育教师的待遇，给予一定的津贴。师资水平的高低不仅影响着课堂教学水平，而且直接影响学校质量的高低。

（三）指导大学生树立正确的人生观，以促进他们的成熟和健康发展

在当今物欲纵横、诱惑无穷的社会生活中，大学生正处在一个重要的转折点上，如果不能正确引导他们，就可能形成不正确的价值观。艺术具有强烈的视觉感染力，比言语更具有说服力。高校要善于借助艺术教育这一形式，对学生进行全方位的教育，尤其是对于学生正确世界观与价值观的影响与建立。通过深入研究艺术史和作品，可以充实高校的知识储备，提升高校的人文科学素养，培育科学的文化审美观。此外，更重要的是，高校可以培育学生的高尚人格，冲破世俗的约束，用审美的目光认知客观世界，变成富有"审美"精神的人。

第四章　高校艺术教育与大学生人才培养研究

第一节　高校艺术教育对培养大学生综合素质的研究

一、当代大学生应当具备的综合素质

素养，是指人们在生理、心理上的特质，以及在文化习得过程中形成的素养。具体地，可以分为：① 体质，是指人们的全身健康、体能水平、器官功能、中枢神经体系的天然功能和质量；② 心理，是指人们的愿望、爱好、志向、信心、认识能力、情感、毅力机制、才能、人格，以及它们的质量；③ 政治思想业务素质，是指人们的政治法律理念、职业道德价值观、职责服务，以及他们的科学知识水平。知识经验、科学技术理论和技术才能是构成人类整体素质的基础，而美学素养则是指审美需求、审美认识和美学才能；劳工素养涉及劳工心态、劳工才能、劳工技术和操作，而人际交往素养则是指应对社会、管理人际交往的能力及其质量。

进入 21 世纪，面对经济、政治等方面的新形势、新压力以及社会人才新要求，当代大学生应当具备以下综合素质。

（一）良好的身体素质

身体素质是人类发展的基础，包括身体健康、免疫力强、精力充沛等。当代大学生应该努力提升自身的身体素质，以便更好地应对当前的学习压力和未来的工作挑战。

（二）健康的心理素质

心理素质是一种个体在日常生活中形成的心理特征，它反映了个体

在社会中的能力和技能。随着社会的发展，心理素质的作用变得愈来愈重要。随着国际竞争的加强和社会生活步伐的加快，高校学生感受到了更多的压力和急迫感；东西方文化的冲撞、多元价值观念的冲突、贫富鸿沟的拉大以及社会利益布局的变化，使学生的心态不均衡感更加明显；人际交往的疏远加重了孤寂感和失败感，而自身对生存方向的抉择可能增加，也让心中的问题更加强烈。当今大学生面对日新月异的社会环境，往往会感到心理不适，甚至会引发一些心理健康问题，干扰他们的身体健康和学业进步。因此，大学生培养良好的心理素质对于他们的未来发展至关重要。

（三）丰富的科学文化素质

科学文化素质包括两个方面的内容，即科学素质和文化素质。爱因斯坦曾强调，科技只能提供一种可以帮助人们理解"是什么"的方式，但无法解答"应当怎样"中的问题，而且科技只能决定对错，无法给人以"价值评判"。要想做出正确的人生价值评判，就必须依靠文化的支持和培养。当今大学生应当把重点放在提升人文素养上，以便在科学技术与文化融合的新时代中更好地理解、把握和创造科学技术。因此，大学生应当在获取科学技术的同时，培养良好的人文素养，以实现全面发展。

（四）完备的思想道德素质

思想道德素质是个人的综合能力，它包含个人的世界观、生活方式、意识形态以及政策思想立场、信念和态度。伦理道德素质则涉及个人的道德观念和行为准则，它们是人们在社会中的基本道德标准，对个人和社会都有重要的影响。

新时代的大学生要时刻保持政治清醒，坚定不移地听党话、跟党走，要多了解时事，了解最近的政策，向不正确、不被允许的行为说"不"，拒绝浪费时间，充实自己，有计划地去提升自己，做好新时代的接班人；积极投身于我国发展建设工作的宏伟探索中，为促进中华民族伟大复兴的中国梦而努力奋斗。新时代的大学生应当具备良好的社会公德、家长伦理学和职业素养，遵守法律法规、文明礼仪，联合互帮，公平友爱；要科学对待爱情、婚姻、子女，在工作中要有责任感、事业心，要有爱岗敬业的奉献精神，要忠诚于义务，努力承担责任；要做到思想道德的完善，关键在于将道德要求转化为自觉的行为准则和行为规范，以此作为社会主义精神文明的榜样，推动社会的发展和进步。

二、高校艺术教育对培养大学生综合素质的功能

（一）美育功能

美育能开发和拓展人的审美体验，提高人的审美能力，从而让人更具洞察力且观察敏锐。对高校学生而言，艺术教育是学生能接受到的最基本层面的美育，在实现全面发展个性教育的角度上发挥着极其重要的作用，能给学生的一生带来深远的影响。

高校艺术教育能帮助学生从日常学习中敏锐地发现美，感受美，进而促进学生智育和德育的发展。高校艺术教育影响学生个性化全面发展在于美育发挥的作用，而美育对学生的作用在于培养学生的审美能力。有人说："没有了审美，艺术本身的其他功能都将成为空谈。"艺术教育能很好地提高大学生的审美能力，主要是起到如下作用。其一，认识作用。通过高校艺术教育，大学生才能更深切地认识、体会和理解自己所处的社会、国家的历史传统和自然资源，进而对文化传承和自我有更深刻的认知。其二，娱乐作用。这里的娱乐并不是单纯地让人感到快乐，而是通过高校艺术教育的鉴赏、创作实现审美追求，在获得美的体验中放松和愉悦。其三，教育作用。基于认识作用和娱乐作用，高校艺术教育引领学生接受再教育，这种作用的影响是潜移默化的。

（二）智育功能

智育本身为一种综合性的能力，受制于如下五个方面因素的影响：观察、技艺、想象、思维和注意。心理学家的研究表明，除了智力外，还有五个因素影响着一个人的健康成长和协调发展：性格、情感、兴趣、意志和动机。心理学家发现，对于一个人的健康成长、协调发展来说，智力与非智力因素共同发挥着重要的影响力，所以在教育的过程中，不能够一味地强调一

方而忽视另外一方 [①]。

　　艺术教育不仅能开发学生的智能，还能提高他们的非智力因素。经过艺术教育，人们可以培养观察力、逻辑思维、记忆力、兴趣和想象，这些都是非智力因素的重要组成部分。借助于艺术，一个人的成功欲望、求学欲望、荣誉感等都得到了良性激发。艺术教育能拓展学生的形象思维能力，拓展学生的空间想象能力，协调学生的手脑，让学生右脑的潜力得到很好的开发，让学生的实践能力得到非常全面的发展，而这些在单纯的智力教育中是不能实现的，也是很难做到的。

（三）德育功能

　　艺术教育能让道德更好地潜入一个人的内心，能将社会的外在需求演变为内在动力，能将外在的道德认知演绎为一个人的具体道德行为，可以说，艺术教育在德育方面产生的影响是非常重大的。高校艺术教育旨在养成大学生的爱国精神、爱党敬业精神、爱护大自然、尊重师长、热爱劳动等，不仅能提升学生对文艺美的感受、欣赏、表达和创造，而且能激发学生的感情，提升文艺素质，培育正确的道德观。艺术教育对学生的全面成长、促进其身心健康发展、培养学生的民族精神、为国家培养人才均起着较为重要的作用。

三、艺术教育在大学生综合素质提高方面发挥的作用

（一）艺术教育对大学生科学文化素质的作用

　　艺术教育不仅能促进头脑的健康，还能激活人脑潜力，进而提升个人的能力。唯有通过美育，才能教育出一个充分成长的人，使其获得更大的成功机会。

　　美国神经生理学家斯佩里系统研究了人脑的左、右半球功能，从生理学上为艺术教育可以促进人的思维能力发展提供了科学依据。该项研究证明的模式是：艺术教育—促进形象思维—促进人脑右半球发展—促进创新

---

① 周芳. 艺术教育在大学生素质教育中的作用研究［D］. 长沙：湖南农业大学，2010.

思维能力提高。艾斯纳博士在哈佛大学的研究中发现，艺术教育可以培养人的创造力，这些能力包括对事物关系的敏锐感知、对细微差异的敏锐观察力、多元化解决问题的能力、在变化过程中不固守概念的能力、在无序情况下做出决策的能力、在受限环境中的操作技巧、想象力和创造力以及用审美视角理解世界的能力。

（二）艺术教育对大学生交往素质的作用

1. 艺术教育可以促进人际关系的和谐与发展

关系是人类社会发展的基础，它不仅能推动个体的发展，还能为个体提供良好的社会环境，从而促进其心理健康，拓宽其未来发展的空间。大学生正处在一个充满挑战的时期，建立良好的人际交往尤为重要，可以帮助他们更好地适应社会的发展。随着时代的发展，人类相互之间的事务交流和文化精神交流日渐增多，人际交往的范围和领域也在不断扩大，这种关系对人类的思想、行为和情感产生了深远影响。要在未来社会发展中取得成功，和谐的人际交往是必不可少的。当代大学生应该积极地创建和维护正常的人际交往，培养交往技巧，并积极参与社会活动，与别人和睦相处，进行有效的沟通。

2. 艺术教育可以提升大学生的团体协作水平，并培育他们的团体意志和团队精神

在当代，无论是哪种工作，团队精神都格外重要。艺术教育可以培养人开放、容忍的襟怀，基于这样的心灵沟通，团队成员之间的理解甚至可以超越语言。只有在艺术中，人们才理解到一种能允许所有的人都去交流他们情感的韵律，从而使人结合成一个整体[①]。艺术作品不仅能超越地域和时代的限制，而且能让人们在共同的美感中聚合在一起，又能保留个人特点。艺术以尊重个人的方式探索人类情感的共性，并将其作为一种交流、分享和共享的基础，这种交流和分享是自发的、自由的。

3. 艺术教育能培养人的交际能力

艺术教育能让人变得更加有才智、更加有教养、更加有风范，使他们

---

① 朱狄. 当代西方美学［M］. 北京：人民出版社，1984.

在人际关系中更具韵味和兴趣，让别人更愿意与之交流。诚恳而儒雅的心态、丰富而风趣的言谈、礼貌而高雅的举止，能让交流的对方感受到这些交流不仅有用，而且是有意思的和难忘的。品格高贵、趣味高雅的人能以一些充满艺术化的方法解决社会中的复杂问题，比如，用生动形象的语言表达自己的观点，用温柔的话语抚慰对方的心灵，用幽默的方法化解自身的困境，以及用温暖的眼光去看待别人的不幸。美育可以帮助大学生在社交场合中展现出自信和美感。

（三）艺术教育对大学生身心素质的作用

艺术教育能促进大学生身心健康的发展，特别是对大学生的心理健康有着重要的影响。通过艺术教育，高校可以培养他们的真实、善良和美好品质。

1. 艺术教育能培养大学生的真诚

艺术作品的生命在于现实，当大学生接触到艺术作品时，会被艺术作品中表达的对社会和人生的深刻思考感染，从而更加坚定地追求现实，并以诚实的态度去面对他人。这样，他们就能更好地把握自己的人生，更加真诚地面对生活。画家不仅要展现出真挚的情感，还要借助优美的文学写作创造真实感人的艺术作品人物形象，从而起到作用。

2. 艺术教育能培养大学生的善良

艺术的品格是善良，这种品格源于艺术的情感体验。通过艺术教育，人们可以培养出同理心和共情能力，从而帮助他人摆脱痛苦，获得快乐。艺术教育通过同理心和共情能力的建立，为培养大学生的善良与高尚道德打下坚实的心理基础。

3. 艺术教育能培养大学生的心灵美

艺术作品是一个独特的形式，它可以展现人类的美学认识、追求和理想。因此，美术教育有助于培养大学生的审美感觉功能，让他们懂得享受、感知、观赏和创造美。追求美，人们的思维会变得更加敏捷和智慧，在欣赏艺术的同时，可以与他人产生共鸣，从而懂得分享和理解。因此，在艺术教育中，大学生可以自然而然地与他人建立和谐的关系。同时，艺术教育能培养大学生细腻的心灵，进而推动开放、包容和创造精神的发展。

（四）艺术教育对大学生思想道德素质的作用

艺术教育能引导大学生关注自身思想道德品质的养成。艺术教育的任务除了传授学生艺术技能外，还发挥着"以美育德"的功能，起到培育大学生思想道德素质的作用。高尚的思想道德素质是大学生全面发展的内在要求。

艺术教育引导学生关注自身思想道德素质的养成，主要体现在以下几个方面。

第一，艺术教育可以引导学生认识到要加强自身思想道德素质，在接受艺术教育的过程中提高自身的优良品质。艺术教育的内容丰富多样、形式多样，能吸引学生的注意力和兴趣，激发他们的学习热情。通过参与艺术教育活动，学生可以体验到艺术带来的快乐，并且不断提高自己的艺术技能和审美能力。艺术教育不是一个短期课程，而是在持久地感受美育的过程中不断发展自己的美丽和健康，久而久之，学生逐渐能培养出自强、坚韧、恒久的优秀品格，遇到困难不退缩，面对问题勇于承担责任，这些优秀品质是思想道德素质极为重要的部分，也为大学生未来走向社会打下坚实的精神基础。

第二，艺术教育可以引导学生认识到要加强自身思想道德素质，在接受艺术教育的过程中实现完美个性的塑造。在我国，灌输式的理论教育方法、内容固定的思想政治理论课或是思想品德课，就如同工厂制造的造型有限的模具一般，这种方式的教育培养出来的大学生通常表现出创造力不足、思维不活跃、个性不鲜明突出。这些问题都是当今高校有关改革中必须面对和解决的问题。而高校艺术教育可以采用有针对性的教学方法，引导学生发现自我的兴趣和兴奋点，根据对艺术的理解学习自己真正需要的艺术内容，从而将艺术技能与个性特征结合起来，培养出独属于自己的风格，塑造出独特的个性。

第三，艺术教育可以引导学生认识到要加强自身思想道德素质，在接受艺术教育的过程中提高社交能力。培养社会交往能力也是大学生素质教育的一部分。当今社会是一个信息联通的社会，艺术不再曲高和寡，无论是创作还是鉴赏，学生在接受艺术教育的过程中都必然与他人建立新的人际关系和培养团队合作意识。当代大学生多数是独生子女，普遍存在以自我为中心的缺点，因而在社交能力方面有待进步。艺术教育不仅能培养学生的审美能力，而且学生在学习、鉴赏和创作的过程中，以及在与教师、其他人交流、分享的过程中，潜移默化地习得沟通交流的技巧，建立和谐的人际关系，提高团队合作意识，最终逐渐形成和善、包容、互助的良好道德品质。

将高校艺术教育与思想道德素质培育结合起来，能够引导大学生塑造自立自强、自尊自爱的人格，并最终构建完美的审美人格，这是大学生素质教育追求的目标，也是艺术教育要达到的目标。

第二节　高校艺术教育有助于促进大学生的全面发展

艺术教育是素质教育的重要组成部分，能使学生在个人综合素质提高的基础上实现自身的全面发展。通过艺术教育的熏陶，学生将拥有更高的精神境地、更宽阔的视野和更宽广的眼界，从而获得多姿多彩的生活体验和人文科学素质，并且拥有充满活力和魅力的个性。

一、艺术教育对于培养高校大学生的人文科学素养的意义

（一）人文素养的内涵

人文素养是一种内在涵养，由知识、情感、意志、思维、观念、能力、仪态等诸多方面综合而成。人文素养是一个人内在品质的体现，它不仅会影响个人的思想，还会影响个人的行为习惯、审美能力、价值观念、情感态度和礼仪谈吐。人文素养的高低不仅会影响个人的思想，还会影响个人的整体气质。人文素养是一个人综合能力的重要体现，可以帮助个人更好地适应社会，并且能提升个人的生活质量。

（二）培养大学生人文素养的功能

人文素养决定着个体在瞬息万变的工作道路上的综合实力。培养大学

生人文素养的功能主要体现在以下几个方面。

1. 有利于健全人格，树立正确的价值观

科学在求真，人文在求善，艺术在求美。人文素养有利于培养健康的情感，不仅要为善，还要妥善地面对和处理人生中遇到的问题，良好地控制自己的情绪，不冷漠、不偏激，不让抉择被情绪左右。当然，培育人文素养还有利于树立正确的三观。在人文素养提升的过程中，个体可以建立积极向上、平和谦虚的人生态度，养成人与万物和谐共处的意识，形成正确的人生价值观。不卑不亢，自尊自爱，培养勇于向前的精神，对任何困难都不轻言放弃。培育人文素养还有利于稳定思想，坚定人生理想信念。学生不应受社会功利主义影响，狭隘地审视结果，忽略过程。在大学校园里，大学生应当勤奋读书，不仅要掌握知识，还要提高自身的修养，让自己充满活力，不能只关注实用性的书籍，而忽略了培养和提升自身的人文素养。

2. 有利于提升思想道德品质

通过培养大学生的人文素养，不仅可以提升他们的思想道德品质和修养，还可以树立良好的责任意识，从而有效地防止科学技术的错误使用，避免可能引发的灾难，也能让大学生在专业知识应用领域更加健康、有效地发展。

3. 有利于提高创新能力

科学家钱学森认为，"学理工的要学会文学艺术的思维方式。科学家要有艺术修养，能够用艺术的形象思维，大跨度地联想"；朱棣文认为，"美国学生的成绩不如中国学生，但他们的创新及冒险精神，往往创造出一些惊人的成就"[1]。培育人文素养，还有利于创新能力的提升。在科学领域，能发现和解释宇宙奥妙的人少之又少，大部分普通人并不需要熟知所有且深刻理解。但人文精神不是靠几个人、几代人就可以积累上千年人类文化的，每个人都可以贡献自己的一份力量。因此，人文素养是各种思维的杂糅、综合，更容易产生新观点、新思想，并养成创新式发散性思维，成为推动科学技术不断创新发展的精神动力。

---

① 张吉良，刘明敏. 人文素质教育教程［M］. 济南：山东人民出版社，2013.

4. 有利于提高社会适应能力

社会融入、沟通表达、抗压能力以及团队协作等能力是必不可少的。仅专注于专业理论知识的学习，在走出校园后，大学生往往缺乏在复杂灵活的社会中站稳脚跟的基本能力。如面试表现不佳，往往是沟通表达能力不足；工作压力大，导致重病、轻生的情况，往往是抗压能力不足；在工作单位不能与同事共进退或根本不能和谐相处，即使个人的能力再强，最终也无计可施，这明显是缺乏团队合作能力。只有通过加强大学生的人文素养和培养社会适应能力，才能更好地满足社会的需求。

5. 有利于综合素质的提高

人文素养是一种深刻的、持久的影响力，它不仅渗透到人们的日常生活中，而且能激发个人的潜能，促进他人各项素养的发展，进而提升个人的综合能力。从某种意义上来说，人的专业能力、知识积累只是个体全面发展的条件之一，而是否拥有较高的人文素养才是个体全面发展的关键。人的综合能力的提升不仅可以使其自身才能全方位地展现，还有利于坚定自己的理想信念，不断挖掘，不断创新，从而促进社会的进步与发展。通过培育人文科学素养，高校可以提升大学生的综合素质，使大学生成为可持续蓬勃发展的人才。这也是当今社会的教育理念和培养目标。

（三）艺术教育对培育大学生人文素养的意义

1. 艺术教育是人文素养培育的重要组成部分，具有深远的影响力

人文素养教育的最终目的旨在促进受教育者精神品格的提升，塑造其道德认知及理想追求等，具体实施于生活中的表现为对情感、观念、思维、人格、审美等人性板块的建立与完善。每个立体的人的形成都取决于他对生活的感知，而由于生活环境、经历、教育等因素的有限性，导致个体，尤其是学生认知常常过于单薄。艺术是文化的载体，可以丰富人的感知，激发人的思维想象力。艺术教育可以激发学生的情感，培养正确的价值观，促进创造力，拓展思维，完善人格，提升审美能力，弥补专业教育缺乏的情感教育。

人文素养教育涉及的内容广泛，包含多种学科，教育方法多样，显性、隐性教育共存，艺术教育中的诸多知识学习与实践活动都是提升人文素养

的方式之一。因此，艺术教育包含于人文素养教育之中，是人文素养教育中不可忽视的重要组成部分。

2. 艺术教育促进人文素养的培育与提升

首先，艺术教育可以开发智力，培养创新性思维。著名科学家钱学森认为，艺术的思维方式能扩大联想的范围。钱学敏说："钱学森的成功不可否认与他良好的艺术功底有密切的关系。当他遇到难题，靠艺术的形象思维和直觉，常有意想不到的收获。"① 艺术教育可以为人们提供灵感，开拓思维，激发创造力，这体现了艺术教育对思维、智力的开发与影响。

其次，艺术教育是纠正价值观念偏离、减弱功利心理的对症疗方。不得不承认的是，随着经济的高速发展，社会上一些负面情况让人触目惊心，如道德沉沦、人心浮荡、风气靡费、拜金主义、物质主义、享乐主义以及"三俗"现象等。抵制社会负面现象，需要人文关怀；修复碎片化的人生，同样需要人文关怀。艺术教育可提升学生的审美能力，完善人格道德心理，使学生拥有正确的价值取向。同时，艺术教育可以丰富学生的情感体验，总结人与人交往的成功经验，提高情商。只有在独立思考中不断感受艺术的魅力，才能自觉地拒绝平庸，克服目光短浅、精神虚无，成为一个有追求、有品位的人，成为拥有博爱、同情和悲悯之心的人。

最后，艺术教育可以激发学生对人文素养培育的兴趣，提升交流与团结能力。艺术种类五花八门、内容丰富多彩，其中不乏令人赏心悦目、悠扬动听、欢乐有趣的美感享受。因此，艺术教育受到大学生的青睐，吸引更多的学生接受艺术的洗礼，这无疑激发了学生对人文素养培育的期待和兴趣。丰富多彩的文化艺术和社会实践活动不仅能给大学生提供理论联系实际的机会，还能锻炼人际交往与合作沟通的能力，培养其社会责任感，拥有高雅的生活情趣。

---

① 张吉良，刘明敏. 人文素质教育教程［M］. 济南：山东人民出版社，2013.

二、艺术教育对完善健全大学生人格素养的作用

（一）大学生健康人格的结构要素

1. 认知能力

认知能力是健康人格的基础要素，包括表达、人际关系的处理、综合分析、自学、组织协调以及创造等诸多方面的具体能力。这些能力能保证他们高效完成各项实践活动，是大学生形成健康人格的必要条件。

2. 性格特征

人格是一个人成功的关键因素，它可以帮助学生更好地表达自己，增强自尊心、自信心、使命感、公平竞争意识、友谊感、独特性和自控力。优秀的个性能让高校更有魅力，更易于被社会接纳，并且有助于学生体现自身价值。

3. 自我意识

自我意识是健康人格的基础，它不仅包含正确的自我观念、完善的自身一致性、客观的自我价值感和适当的自我控制力，还能激发人们的积极性，使他们能主动地应对社会生活中的各种影响，从而获得更好的人格发展。

4. 价值取向

价值取向是健康人格的导向要素，包括人生观、价值观、诚信意识、人际关系。大学生身处社会和学校两个环境中，尤其是学校的集体生活需要大学生建立一个正确的价值取向，只有这样才有助于他们走出校园，步入社会。

（二）大学生健康人格的重要特征

1. 和谐的人际关系

人际关系不但能帮助人们调节身心，而且直接体现了个人的人格健康状况。具备健康人格的人通常都会与他人建立和谐的人际关系，他人与之交往会感到愉悦，也会认可并尊敬这样的人。具备健康人格的人会以公平、谦虚、宽容的态度对待他人，既能接纳他人，也能得到他人的接纳。和谐的人际关系反映了健康人格的状态，也是建立或是制约人格健康发展的首要因素。或者说，想要判断一个人的人格是否健康，首先要做的就是观察

这个人的人际关系是否和谐。

2. 良好的社会适应性

讲能力发展与提升是概括性的，而落实到社会实践则是具体的。因此，一个人在社会生活中协调发展，能否适应社会关系变动，能否与整个社会协调同步变化，就具体地表现为个人的社会适应性。只有具备良好社会适应性的个体才会去主动观察并关心自己所处的社会环境、人际关系、关注热点，才能更好地适应社会的种种变化，并在社会实践中发展自我，完善自我。

3. 生活态度乐观向上、积极进取

是人就会有烦恼，挫折、困难、麻烦，但是拥有乐观向上生活态度的人总是不会轻易放弃，而是会直面难题，努力应对，勇敢地去解决问题。一个拥有积极进取生活态度的人总是会看到生活中积极的那一面，以充满信心的姿态去面对生活、理解社会，相信世界会更加美好，相信未来会充满希望。因此，这样的人总是用满是兴趣与好奇的目光看待世界、社会、自身、他人，不会丧失进取的动力，绝不自暴自弃；即便一时倒下，也会获得再次发展的机会，再度崛起。

4. 正确且积极的自我意识

具有正确的自我意识，这样的人往往会表现得自信、自尊，能正确认识自己和他人、社会、环境的关系，不仅认可自我，而且会以极强的责任感审视自身，客观地看待自己的缺陷和不足。具有积极的自我意识，这样的人往往会恰如其分地评价自己，主动进行自我调整，不自负，也不会妄自菲薄，在自我监督中实现自我发展。

5. 调控好自己的情绪

对于个人而言，无论是生活还是其他，情绪都发挥着相当重要的作用。该冷静就要冷静，该爆发就要爆发，调控情绪象征了一个人的成熟度。能很好地调控自己情绪的人，能在积极的心境中享受愉快和幸福，也能在消极的情境中宣泄转移痛苦。无论是为人处世还是待人接物，都能调控好自己情绪的人才是具备健康人格的人，才能获得来自社会和他人的更高认可。

（三）艺术教育对完善大学生健康人格的作用

抑郁、困顿是每个人都会遇到的情况，不过原因各不相同。在应对这种不利于个人成长和发展的情况时，不同的人会采用不同的方式。其中，艺术会帮助心灵找到一处可以舒缓负面情绪的"栖息地"，帮助人们对抗消极的负面情绪，释放压力。不过必须知道的是，艺术不是临时药，也不是能临时"抱到的佛脚"，而是需要接受艺术的教育和熏陶，慢慢积累，才能凝聚出难以消散的个人艺术修养。方式有很多种，如欣赏。欣赏是一种直接且具体的审美教育方式，它能帮助高校更好地理解和欣赏艺术作品。通过这种方式，高校可以最有效地培养和提升学生的审美能力。很多人认为艺术修养不会影响到学业、就业或是健康，因而不予重视。但从深层次上讲，艺术修养对生活质量、人格素养影响是深远的，社会属性的高低与否，人格发展能否完善，都与艺术教育有着潜在的密切关系。高校艺术教育培养大学生的审美能力，提升大学生的艺术修养和交流素质，发展和谐的人际关系，从而使大学生人格发展也得到持续完善，进而满足社会对高素质人才的需求。

1. 艺术教育可以帮助大学生培养独立思考的意识

如果一个人能在内心深处展现出美丽的一面，他就是一个完美的人。只有建立起完整的自我意识，才能真正认识自己，并且不断努力去实现自己的梦想，成为一个真诚、善良、美丽的人，拥有才华、修养和风度。许多艺术家的作品都展现了他们对自我的深刻理解和反思，这些作品为大学生提供了一个展示自我感觉、形成印象和反映的平台。

2. 艺术教育能促进大学生完善自我认识

通过认知世界和认知自身，高校可以不断改造自身，从而使自身更加完善。这种改造涉及多个重要领域，主要是改造现代世界观问题、树立个人观和价值理念、掌握道德和行为、培养理想和情操、获取知识和智能结构，甚至是增强身体健康和体魄健壮等。通过德育、智育和体育，高校可以达到这些目标。但是，社会审美教育和美术的重要任务是统筹这些重要领域，使它们达到平衡、完整。在艺术中，人物形象不再是局部或某一方面的，而是作为整体出现的。因此，大学生受到的影响是全面的。此外，由于有些文艺作品中的人物形象都具有理想主义色彩，其能成为受教育者的楷模，有助于受教育者的自身改进。

三、艺术教育对促进大学生审美素质发展的作用

（一）审美素养的内涵

审美素养是一种认识、感知、欣赏、享受、表达和创造美的能力，可以被概括为以下几个阶段：理解、感知、欣赏、表达和创造。

1. 输入各种美的信息

通过深入学习和研究审美理论，以及积累丰富的审美经验，学生可以更好地认识自然、社会和艺术的美，并能对各种美的信息进行有效的关注。

2. 进入审美状态

通过审美的过程，学生可以欣赏到大自然、社会和艺术的美，从而体验到审美的乐趣，培养出感受美的能力；同时，可以将自己的想象、情感和理解融入其中，使之成为一种审美享受，从而提升自身的鉴赏能力。

3. 升华为审美意识

通过从审美观的角度去观察、倾听和思考，潜移默化地给学生带来深刻的审美体验，使学生不断提升对美的评价能力，并且寻求更加丰满、高雅的审美对象，以及更高层次的审美标准。

4. 完善审美心理结构

通过不断提升审美能力和创造力，学生可以全面提升审美素养。

5. 提升个人素养，塑造完美的人格特质

提升智力、道德、审美和身体素质是美育的延伸，也是塑造完美人格的最终阶段。

（二）审美能力对于大学生的全面发展和成才至关重要

纯粹的美是难以进行教育的，因此，就其载体的浓厚来说，艺术教育是较理想的形式①。培养大学生成为全面发展的高素质人才是我国高等教育

---

① 张道一. 艺术学研究［M］. 南京：江苏美术出版社，1995.

的目标，其中审美素质的培养不可忽视，是高校育人的重要组成部分。较高的审美素养是判断大学生精神风貌的重要标志之一，也是大学生人格修养境界的重要表现之一。高校必须重视并加强大学生审美素质培养，通过艺术教育提高大学生的审美创造能力，这对全面发展高素质人才有着极其重要的现实意义。

1. 有利于提高大学生的思想道德素质

良好的思想道德素质对于大学生的成长至关重要。一部优秀的作品可以激发人们的情感，这是不争的事实。通过接受艺术审美教育，高校可以让高校大学生从美的形象中体会到思想的深刻含义，理解它反映的人性力量，并在精神上得到满足。此外，作品还可以唤起人们的心灵震撼，激发强烈的人生情感。通过养成高校大学生自身端正的艺术审美价值观，提高他们的艺术审美才能，可以有效地唤醒他们对祖国发展建设的热情，让他们珍视中华民族优良传统文化精神，增强他们的民族文化自信和荣誉感。

2. 有利于提高大学生的科学文化素质

文化素质教育的内容涵盖了多个领域。从教育目标来看，政治、历史知识可以提高学生的社会责任感，帮助学生明确未来的发展方向。哲学可以让学生更加深入地思考问题。文化艺术作品能培育学生丰富的想象力和创造性，提升学生的能力。研究表明，人脑的左半球一般是负责逻辑思维，也就是理科逻辑思维；而右半球则负责形体逻辑思维，也就是文艺逻辑思维。美学审美教学的核心价值在于培养人们的形象思维能力，因为审美观教学工作过程要求想象力和创造力，而这些能力是审美思维教学工作过程中最基本的质量。爱因斯坦曾说过："想象力比科学知识更关键，因为科学知识是限制的，而想象力则能够总结当今世界上的事情，驱使着向前，是科学知识蓬勃发展的根源。"通过艺术审美教育，高校大学生能够训练出具有逻辑思考、形体思考、科学技术思考和美学思考的才能，从而获得更高水平的思维能力。

3. 有利于提高大学生的心理健康素质

培养审美素养对于大学生的情感世界和人格发展至关重要。艺术教育以情感为纽带，通过亲身体验促使学生的情感投入，从而提高学生的审美能力。这种方式不要求灌输教育、帮助和理解，也不要求毅力和勇气，只是让学生感受艺术形象，让他们感受到艺术的魅力，从而获得良好的教育效果。经过审美素养的培养，学生可以获得自我教育，从而改变自身的性格，净化心灵，放松身体，消除疲劳，促进学习，在不知不觉中受到艺术的熏陶，在艺术氛围中完善自身的人格。

四、艺术教育对提升大学生学习能力与专业素养的作用

（一）艺术教育提升学习能力

提升学习能力可以从两个方面看：一是智力因素；二是非智力因素。智力是一个人成长过程中不可或缺的元素，涉及人们对事物的理解、认知和分析，以及通过自身经验和思考来解决问题。智力的开发受到多种因素的限制，包含精力、思考力、分析能力和创造力等。除了智力因素外，非智力因素也是重要的限制学生成绩提升的因素，如兴趣、意愿、性格、倾向等。然而，在传统教育中，学校、教师、家长和社会都更加注重智力因素，忽略了非智力因素，这种偏见阻碍了学生的发展。因此，高校应该注意非智力因素，以促进学生的全面发展。通过激发学生的学习热情，能激发他们的学习主动性，而这种动机的形成，很大意义上取决于非智力因素的作用。在学生的成长过程中，非智力因素同样发挥着较大的作用。

高校艺术教育对于素质教育有着十分重要的推动作用，意义重大。艺术教育不仅影响着高校学生的智力发展，还可以推动高校学生的兴趣、性格、意志力等非智力因素的发展和提高。可以发现，艺术教育对于学生的思维方式、兴趣性格、想象能力、观察注意力等都有非常正面积极的影响，能促进学生德育、智育的提高。艺术不仅有利于在科学研究的间隙放松心情、陶冶情操，更有助于培养自身的注意力，不断开拓自己的思维。由此可见，通过艺术感觉的培养与熏陶，学生的科学能力、科学素养会有更好的增强和提升。

因此，高校应该更加重视艺术教育，不断推动其开展和普及，以促使大学生自身的智力成长。培养大学生的手脑协调能力，丰富他们的想象力、

思维能力和创造力，使他们真正达到德、智、体、美、劳的全面发展，并最大化地挖掘他们的学习潜力。

（二）艺术教育提升专业素养

专业素养对应的是专业知识的培育。艺术不但可以提升品格，而且可以促进学生的智力发展。科学研究表明，艺术可以帮助人们开展右脑功能，进一步提高智能素质。因此，艺术对于培养孩子的智能素质具有重要作用。爱因斯坦认为，音乐能让人释放自己的压力，让人的精神得到缓解，启发人的思维。当前，部分参与艺术教育选修课的学生，从总体结果上看，基本上都能更好地激发灵感，得到更好的智力提升，这些都和艺术本身的影响力分不开。

五、高校艺术教育促进大学生全面发展的策略

（一）正确认识艺术教育对于大学生全面发展的重要性

1. 摆正艺术教育的位置

要想艺术教育发挥实际效用，首先必须在认识上提升相关的重视度，改变相关的观念，端正师生态度，让学生接受、理解，不但能理解，而且能深深地感知，借助于此促进学生的全方面、多层次发展，陶冶学生的艺术情操，增强学生的艺术美感；让学生能真正体现自己学习主体地位的角色，让学生能在高校教育和环境的熏陶下实现艺术层次的提升；借助于艺术教育，提升学生的审美能力，拓展学生的思维能力，开发学生的创造力、协作力；让学生在心灵的层面上得到更深厚的拓展、更和谐的发展，让艺术教育真正发挥自己的使命。艺术教育在学生一生成长中都扮演着至关重要的角色，高校应该正确认识和评估它的作用。通过艺术教学，学生的文化意识得到加强，文化视野得到扩展，文化素养得到提高，学生能更好地感受艺术的魅力，并更好地理解艺术与生活、情感、政治、历史、人性和民族之间的密切联系，清楚地了解人文发展的过程。艺术在人生发展中发挥着至关重要的作用，它能帮助学生更好地规划和统筹，并为他们提供精神上的激励。通过艺术，学生可以拥有一座稳固的成长舞台，并获益终身。

艺术在人类历史上一直是一个不可替代的存在，但是由于我国经济发展水平的限制，对艺术教育的重视不够。然而，随着经济的发展，人们对艺术的理解也在提高。艺术在家长、学生和社会中都受到了前所未有的重视，这为艺术的积极学习提供了强大的推动力。这些因素都有助于高校艺术教育的发展。

2. 转变艺术教育的观念

为了充分发挥艺术教育在整个教育中的重要作用，改善目前存在的问题，高校必须从根本上改变教育观念。首先，高校应该把艺术教育从一种被忽视的附属地位中解放出来，将培养学生的审美素养作为高校的主要目标和任务，真正实现艺术教育在高校育人工作中的独特地位。其次，高校要充分重视艺术教育的审美价值。透过艺术，高校可以提高大学生自身的文艺审美观才能，培训他们的形体逻辑思考，激发他们的创造力，培育他们的团体文化精神，让他们的内心世界更加美好、更加宽广、更加厚重、更加平等，这是美术在普通高校中的重要使命。最后，要正确认识艺术教育在大学生全面成才中的重要作用。艺术教育可以为学生提供一个广阔的视野，帮助他们建立社会文化认同，充实自己的文化背景，提升社会文化知识水平。通过艺术教育，学生可以更好地理解艺术与人类、民族、生活、情感、政治和历史之间的联系，培育出更优秀的、适应社会需要的高层次人才。

（二）设立艺术教育专职管理部门

自古以来，艺术教育与其他教育有着较大的差别：其教学内容不仅仅限制于文字，还可存在于意识及现象中，与生活息息相关；教育形式不局限于听课，反而亲手实践创作的学习形式最为常见；至于艺术教育的作用更是非一日所能看到，从深层次影响到学生的方方面面。这些都是艺术教育的特别之处，想好好应对这一独特的教育类别，设立艺术教育专职管理部门，保障艺术教育的规划与实践更具有针对性和专业性，是一个必要之举。

建议开设艺术教育专职管理部门并下设多个部门，统一管理大学生人才培养方案中的公共艺术教育板块、艺术类选修课程、选修课程任课教师团队、学生艺术社团、校园艺术活动、艺术教育资金财务、场地使用等一系列艺术教育相关工作。定期开展艺术教育座谈会议，听取各学院、部门意见，查找问题、引经据典、创新思路。加强对学校情况、师生意见的调研，针对公共艺术教育板块制定合理的人才培养方案。优化Ⅱ类通识选修课艺术类课程体系，保障与艺术学院的沟通与合作。建立教师团队，实时对艺术类选修课的任课教师进行专业测评，定期组织任课教师进行专业学习调研，并完善艺术类选修课任课教师的奖励制度和工资保障。统一管理学生艺术社团，合理规划、宣传校园艺术活动。设立财务管理部门，全权分配、管理艺术教育的专项资金，及时与上级财务沟通交流，更快、更好地处理艺术教育实施过程中的资金运转情况。设立场地管理部门，制定合理适行的使用制度，一次性收集好所需信息与资料，简化办理流程，给学生提供真正的方便，并加大其自由使用权。艺术教育专职管理部门建立后，各个部门分工明确，是高校艺术教育逐渐走向成熟、稳定发展的基础与保障。

（三）优化艺术教育师资队伍建设

1. 加强艺术教育的科研水平与交流合作

（1）提高高校艺术教育的研究能力和水平

认为高校艺术教育就是上课听听音乐、看看画展之类的想法是错误的，艺术教学并不简单，也需要不断更新理念、发展理论。从事艺术教育的教师也需要来自高校的支持，就教育的难点和热点申请具体的研究课题，获得高校的持续关注，把理论和实践结合起来，把研究成果推广开来，从而推动艺术教学质量的提升，同时提高艺术教育教师的教学能力和科研水平。

（2）定期组织相关的交流培训

从事艺术教育的教师同其他专业教师一样，也需要开展对外交流和参加进修培训，接受当今世界更先进的艺术理论成果和不断发展的艺术理念。同时，艺术教育与其他学科也存在交叉渗透，因此需要从事艺术教育的教师去学习和借鉴。就方式而言，高校可以定期组织艺术专业的进修、交叉学科的培训，也可以派遣本校的教师、学生外出参加表演和交流活动，还可以邀请校外专家来校讲座。

2. 提高艺术教育教师的教学水平

不同于艺术类高校专业艺术教师，在普通高校从事艺术教育的教师必须认识到自己的教学性质，作为普及型艺术教育，艺术教育教师不能苛刻地要求自己和学生，一定要准确定位自己，清楚自身的职责所在。艺术教师都希望自身能拥有较高的艺术修养，但是他们的重点在于自身的艺术高等教育事业和工作。在教学活动中，他们应该把握重点，明确自身的教学对象，并依据学生的情况做出课程和教学方法的抉择，以实现更好的教学目标。同时，高校艺术教师还应该清楚地了解自己面对的学生年龄不同，并采取适当的措施来应对这些差异。随着时代的发展，知识环境也在不断地变化，因此，艺术教师应该不断地认真学习和进一步提高自身的知识水平，充实理论知识涵养。大学是一个很好的学习场所，艺术教师应该利用这种教学环境来提升自己，完善自己，进一步提高自身水平，并将自身的课程与其他学科融合起来，填补自身的空白。通过不断的努力和认真学习，高校不仅能进一步提高自身的能力，还能让学生更全面地接受教育，进一步提高教学效果。

（四）准确把握艺术教育的目标和内容

1. 培养审美能力是高校艺术教育的核心目标

艺术教育的本质是审美教育，培养具有艺术审美素养的人是它最直接、最主要的任务和目标。普通高校的美育旨在培养学生的审美修养，在这里指出，艺术的价值不仅仅体现在其美学上，更重要的是，它能激发学生的求真精神和求善意识。全国美学研究会会长蒋冰海说："倘若艺术在求真，那么牛顿的三大定律便是最好的艺术。如果艺术在求善，那么道德教科书便成了最好的艺术。但它们都不具备观照的愉悦，缺乏感性显眼的形式，并不是艺术。艺术的审美价值的确与真、与善都有联系，但不能与理性认识和功利考虑混为一谈。"[①]艺术教育的价值不仅仅体现在培养学生的德行、提高智力和健美体魄上，更重要的是，它能提高学生的审美文化素养，并且有利于学生心理健康的发展，这才是美育最根本的价值所在。

---

① 蒋冰海. 审美论［M］. 上海：上海社会科学出版社，1992.

2. 以全面培养学生为目标，开展美术教学，以学生的美术综合能力为目标

艺术教育是一种面向所有学生的基础素质教育，旨在提高学生的审美能力。因此，评估艺术教育的成功与否，首先应该考虑它能否为所有学生提供有益的指导。德国著名教育家福禄培尔说："让每一个学生在某一艺术部门成为一名艺术家，这不是目的；让每一个学生在一切艺术部门成为一名艺术家，这更不是目的。因为两者本身是不可能成立的，尽管前者对每个人来说在一定关系上也许是可以这样说的。一个特定的目的应当是使每个人按照各自的本质充分地、全面地发展起来，使他能够从人的本质的全面性和全能性上去认识人，特别是……要使每个人懂得观察和鉴赏真正的艺术作品。"① 普通高校的艺术教育旨在培养学生的审美素养，让他们能在艺术技能和技巧方面有所提升，而不仅仅局限于职业培训。只有这样，艺术教育才能真正成为一个培养全面发展新一代人才的摇篮。

3. 艺术教育应成为高校艺术教育的核心目标，并且应该得到重视和推广

艺术教育应该重视艺术表现和欣赏，同时要培养学生的基本知识和技能。这种教育方式旨在培养学生的审美情感，并通过艺术欣赏获得这种情感。大学生在艺术欣赏、表现和创造活动中可以获得审美愉悦，但是如果忽略了这些方面的教育，就不能称为完整的艺术教育，也不能称为审美教育。因此，高校应该重视艺术欣赏、表现和创造这三个方面的教育，以便让大学生在艺术教育中获得更多的成长和发展。艺术教育应该注重培养学生的审美能力，并让他们在欣赏、表现和创造艺术作品的过程中学习基本的艺术知识和技能。这样才能为他们在未来进行创作打下坚实的基础。

（五）丰富优化校园艺术活动与社团建设

校园艺术活动是学生选择参与艺术实践、提升人文素养最自由的方式。通过参加各种校园文艺活动，学生可以丰富自己的知识储备，提高审美能力，深入理解人文思想，扩大交流范围，促进人文素养的发展和完善。如今校

---

① 福禄培尔. 人的教育［M］. 孙祖复，译. 北京：人民教育出版社，1991.

园艺术活动虽丰富多彩，但仍存在提升的空间。

1. 加强艺术活动宣传力度

如今，随着网络技术的高速发展，高校开展艺术活动多会采用在醒目位置张贴海报、公众号推送、学生传达等方式进行宣传，此等方法易被宣传地点、公众号关注人数、学生人际圈子局限。对此，可以由艺术教育中心宣传部统一出具一周或一月活动清单，由各班级辅导员转发至交流群，以便每个学生了解、选择自己感兴趣的活动参加；也可以将活动分类型张贴榜单，便于学生通过类别快速了解该类活动的计划清单。

2. 丰富校园活动内容形式

要多听取广大学生的意见，收集、创新更多学生感兴趣的活动。校园艺术活动虽多，但大多是喜闻乐见的几种类型，可以增加校外活动次数，组织学生参观艺术馆、艺术展览、文艺演出，鼓励学生参与校外的文艺比赛、会演、作品展等；还可以邀请名人、老艺术家、文艺团队进行专题性的大型活动，使学生沉浸在浓郁的艺术氛围中。

3. 增加艺术活动资金投入

可以设立奖励机制，不仅能使活动开办得更加顺畅出彩，还能吸引更多不愿意参加活动的学生产生兴趣，并加入进来，一举多得。

除了校园艺术活动外，优良的学生艺术社团建设也能促进艺术教育的发展与人文素养的培育。学生可以参加自身喜欢的协会，通过实践和交流展现自我，并相互学习，从而激发兴趣，丰富课余生活，提高人文素养。

首先，应当加强对艺术社团的重视程度，给予社团更多的自主能动性。学校与社团都应端正态度，坚定社团建设是校园文化建设中不可或缺的重要板块，而非简单随意的学生组织。其次，应增加艺术社团数量，增加艺术社团种类，并且可以同种类分级别进行建设，不必坚持一种类型一个社团的生存模式。比如，歌唱类社团，专业级、技术高的学生可加入"人气歌队"，参与校内外比赛、演出等；歌唱水平一般但音准、节奏较稳定的学生可以加入"兴趣合唱队"，排演小型合唱，参与比赛等；歌唱水平较低，但非常喜爱这项艺术的学生可以加入"K 歌小队"，团队可组织一些 K 歌、歌曲交流等活动。如此一来，加入社团降低了专业门槛，扩大了全校的覆盖范围。最后，应当加强艺术社团的内部管理，增强社团的艺术带头作用，帮助参与度低的学生提高兴趣，使学生都能欣然向往，乐在其中。

（六）加强校园文化环境建设

"一所学校其实是一种氛围、一种文化，一个学生进入学校学到什么当然重要，但更重要的是受到一种熏陶，被浸泡成一种人才。"① 高校的文化氛围是至关重要的，它不仅能让学生学到知识，还能培养他们的人格特质。因此，在实施艺术教育时，必须充分利用校园文化环境，努力营造一种良好的校园文化氛围，以培养出优秀人才。

1. 加强环境意识教育，提高师生维护校园文化环境的责任感

为了让师生更好地理解校园文化环境的重要性，高校应该加强"环境育人"的教育，让师生更加清楚地认识到环境的重要性，并自觉维护校园文化环境。为了保护校园文化环境，高校应该加强对师生、员工的教育，特别是对学生的教育。

2. 打造独特的校园建筑风貌，体现高校的历史底蕴与现代进步

能直观表现高校特色文化的，首推校园建筑。进入任何一所高校，首先映入眼帘和留下深刻印象的都是校园建筑。有着悠久历史传统的高校，校园内往往保存着对应着时代印记的建筑；有着深厚文化底蕴的高校，即便是新建院校的建筑，也会采用高雅大方、符合高校人文精神的风格。与此同时，高校的建筑在维护、新建的时候也会考虑现代化要求，通风透气、设备先进、管理便利，让师生在校园中感受到环境的优美。

3. 尊重人的能动作用，师生为校园文化环境建设发挥主观能动性

校园文化环境建设需要师生的参与，更需要师生发挥主观能动性，积极创造良好的校园文化氛围。虽然环境能改变人，但更重要的是人能改造环境。高校要鼓励师生化被动为主动，自觉参与改造校园文化环境；在建设校园文化环境时，高校要重视师生及其他人员的意愿，引导他们营造良好的文化氛围，从而充分发挥校园文化环境在大学生综合素养和全面发展中的重要作用。

---

① 许焱. 校园环境建设的德育承载功能 [J]. 江南论坛，2010（5）.

第三节　高校艺术教育与培养高素质创新型人才的研究

一、艺术教育对培养高素质创新型人才的基础性作用

（一）艺术教育为大学生创新能力的培养打下了物质基础

1. 艺术教育能促进大学生的身心健康

艺术可以让人们感到愉悦、放松，减轻工作和学习的压力，甚至可以治愈身心上的疾病。音乐疗法之所以流行，其原因就在于此。音乐一直被认为是有益健康的。古希腊哲学家毕达哥拉斯曾说过："适度地享用乐曲，有利于心理健康。"艺术能帮助人们放松身心，为大学生提供了充分发挥创造力的机会。

2. 艺术教育能促进右脑的发展

人类大脑右半球负责认识空间和图形，因此在欣赏艺术品、建筑物、自然风光、音乐和舞蹈等方面发挥着重要作用。通过直觉观看事物，掌握总体，这正是所谓的意象思考。在原有的高等教育模式中，大学生的右半脑备受抑制，导致大脑发展不均衡，阻碍了创新能力的发展。而艺术教育则可以改变这种状况，让左、右半脑得到平衡发展，使两者得以有机结合，进而培养出优秀、先进的思想，激发人们的想象力和创造力。

（二）艺术教育为大学生提供了思想基础，帮助他们培养创新能力

艺术教育可以深刻地影响人们的道德观念、文化精神品格和意识思维，进而帮助他们到达更高的思想境域。创新是造福人类的伟大事业，需要人们全身心地投入。只有具备高尚道德情操、坚定精神信念的人，才具有创新人格。

美术教育能帮助大学生培养坚韧不拔的意志力和严谨的行事风格。众所周知，接受美术教育需要很强的意志力、专注力和自信心，这对于提高艺术

水平至关重要。经过刻苦学习，人们能进一步地磨炼、冲破和革新，追求"无限风光在险峰"的境地。进行系统、有序、有规律的艺术教育，有利于大学生养成严格精细、求真务实、勤劳踏实的思维习惯。

（三）艺术教育为大学生创新能力的培养提供了智力基础

知识是创新和创造的基础，它不仅仅是一种技能，更是一种思维方式、一种能力。

1. 艺术知识本身就是人文知识的一部分

文化艺术是人们探索和发展文明的重要工具。高校大学生通过观察中国古代文化遗产，可以了解中国古代的文化；通过研究金字塔，可以了解古埃及的文化；通过阅读《巴德农神殿》和《荷马史诗》，可以了解古希腊的文化。艺术文化是高校大学生不可或缺的一部分生活，是构建高校大学生精神家园的骨架，已经伴随着人们走过了漫漫的文明历史。因此，通过艺术教育能使大学生认识和领略中国几千年来璀璨的艺术文明，读懂中国传统和现代的艺术文化和艺术思想对人类发展的贡献，同时增强对世界艺术文明的了解，以丰富自我，提升修养。

2. 艺术与其他人文知识也有着密切联系

艺术是一部丰富多彩的百科全书，它汇集了哲学、道德、科学、风俗人情等各种文化学科，它以独特的方式展现出人类最具代表性的思想、理想和情感。优秀的艺术作品不仅能让学生更好地理解世界，还能激发学生的灵感。艺术作品在不同时代、国家和地区都有所不同，要想真正理解它们的内涵，就必须对它们涉及的各个方面有所了解。要想创新，就必须具备必要的知识、丰富的经验、活跃的思维。艺术教育可以为大学生提供丰富的知识和智力，从而促进他们的成长。

二、艺术教育对高素质人才创新思维能力的作用

（一）艺术教育培养直观的洞察力

笛卡尔认为，人类具有两种独特的理解能力：直觉和演绎，或者说洞见和睿智。前者可以用来审美，后者可以用来探索科学。卡希尔认为，艺

术是一种对世界的解释，它并非通过观念，而是通过直觉；并非通过思维，而是通过感性形式。通过艺术的情感表达，学生可以更直接地感受生活的本质，并洞察世界上微妙变化的现象。直观洞察力是人的重要意识能力之一，在人们生活中起着重要的作用。尽管直觉的认知可能不是一个确定的、多义的概念，但是它可以帮助学生避免理性思维中的概念式简化和推演式概括，从而使学生能更好地理解现实世界的复杂性和丰富性，并将其视为一个有意义的整体。实际上，在优秀的艺术作品中，艺术家总是能在感性形象的背后发现它们的真正见解，甚至是"只能意会，不可言传"中所描绘的意境。

（二）艺术教育培养人的想象力

没有想象力，人类精神文明将无从谈起。想象力给人们的生活提供了无限的快乐和价值，但是，想象力并非先天就具备。约瑟夫·艾迪生曾经提出："一位有道德教养的人能够在一切他所见到的事情中想象出某些特点……他似乎以一套全新的视角来观察世界，找到了一套独特而迷人的组合，而这个吸引力是普通人无法感知到的。"这种教养完全可以通过艺术教育来获得。优秀艺术作品总是体现着艺术家的多种想象。艺术家独具慧眼、匠心独运地对世界的认识和评价也可以大大激发人的想象力。

（三）艺术教育培养人的创造力

艺术是人类创造的结果，它能扩展人们的想象空间，激发人们的创造力。艺术能培养人们对完美的追求，让人们对多样性和统一性产生兴趣，这将激发人们的创造力，并最终表现为行动。在艺术史中，各种艺术的发展和创新，总离不开对前人艺术创作的继承和吸收。美国一直致力于教育投入，并对此问题进行了多项研究。研究结果表明，在美国高中毕业全国考试中，学生的分数与他们受到艺术教育的实践密切相关。例如，有 4 年美术学习经历的毕业生在总成绩上要比从未参加艺术学习的毕业生高 101 分。此外，参加 6 个月键盘乐器学习的毕业生在时间和空间能力测试中的表现也优于从未参加相关音乐学习的毕业生。这些研究结果表明，艺术教育能加强人的大脑功能，有助于发展学生的思维能力，也有助于传统学科学习的整合和融会贯通。

三、艺术教育特性促进和形成高素质人才的创新能力

（一）艺术教育的多样性是促进创新思维的主要因素，更是培育创造力的根本

艺术教育的多样性可以唤起人们对自然的热爱，让人们在艺术世界中探索自然的奥秘，感受生活的美好，体验社会的多彩。这些艺术形象可以让人们更加深入地了解世界，并且保持对它的好奇和浓厚兴趣。好奇和浓厚兴趣是创新能力培养的基石，在艺术教育中，它们可以激活人的热情，并通过教师的正确指导，培养学生对创新性活动的专注力。这不是一个知识系统，在缺乏爱好和关心的条件下是无法得到累积的。学习和需求是推动学习进程的最重要因素，它们能够调动学习者的积极性，并且具有无与伦比的力量。

艺术的多样性为大学生提供了丰富的信息来源，使他们能更好地理解和探索世界，并从中获得创新灵感。这有助于他们拓宽视野，并不断提升自己的能力。

（二）艺术教育的情感性是培养学生创新能力的重要因素之一

艺术教育可以激发人们的创新欲望，培养他们的创造力，从而丰富他们的人格。列宁曾说过："缺乏人的情感，就不会有对真相的探索。"因此，要想进行技术创新，情感是必不可少的，它可以点燃技术创新的火种，激发人们的创造力。艺术情感可以激发人们的潜能，让他们在面对挑战时保持冷静和自制。这种意志力是成功的关键，它能帮助人们克服困难，并为国家和人类做出贡献。作品中展现出来的对美好事物的渴望，激励大学生不断努力，创造出更多的创新产品。

艺术作品是一种情感的表达方式，它能激发人类的创新能力。自信心是创新能力的基石，而艺术作品教育则能帮助人类从生理和心理上实现全面的转变。特别是音乐，它那富有感染力的情感语言能让人类的心灵从安静状态转变为激动，进而激发出很高的创造热情。当人类走进情感领域，建立起自信心，克服自卑、自怯、自惭等心理，勇于挑战自我，拥有创新的勇气和智慧，才能走向成功。艺术情感的渗透和催化使这种创新能力得

以实现。

（三）艺术教育的独创性是创新能力培养的牵引力

具备很强创新能力的人都是很有个性的人。相反，一个没有自主意识和独立思考能力的人，无法谈论创新。在这方面，艺术教育具有不可替代的作用。如前文所述，艺术活动是个性鲜明、创新品质极高的活动。艺术教育不仅能促进个性意识与社会意识的和谐发展，而且能让人们获得自由，从而实现自我价值的最大化。艺术教育的独创属性不断地给予大学生以一种向上的牵引力，使他们渐渐养成不唯书唯上、不随波逐流、不追赶时髦、不趋炎附势的思维或行为习惯，从而培养出自己独特的个性、魅力或风格。

如果没有人的个性的充分发展，没有丰富的想象力，人就不会有创新能力。只有尊重个性，发展个性，才有利于创新能力的培养。艺术教育会为个性的发展提供最佳的发展环境。因为艺术使人处于一种最自由的状态，它使人的个性得到最充分的发挥。艺术作品具有模糊性和不确定性，这为受教育者提供了广阔的选择空间。受教育者的心理特征各不相同，受年龄、性别、后天经历和文化修养的影响，无法完全一致。同时，受教育者也可以根据自己的独特性在艺术作品中直观地感受自己，从而产生不同的审美体验。艺术教育不是为了抹杀个性，而是要尊重和发展个性。而个性的充分发挥又有助于激活创新思维，使人能大胆地去想象，去创造。没有个性的展示，没有想象力和创造力，就不可能有丰富多彩的世界。因此，通过培养和发展个性，艺术教育可以有效提升创新能力。

（四）艺术教育的开放性是创新能力培养的续动力

艺术教育的开放性是促进艺术发展的动力，变化是创新活动的基础。通过艺术教育，大学生可以摆脱传统的思维定式，拓宽视野，培养宽容的心态，激发创新精神，并为实现自己的梦想而不断努力。艺术教育鼓励大学生像海绵一样不断吸收新知识，在"拿来"中创新，在借鉴中创新，从而形成开放的文化观念和未来文化意象，为社会带来更多的发展机遇。通过这种方式，学生可以打破传统的思维模式，摆脱束缚，激发思维活力，并建立正确的评价标准和价值体系，为培养创新能力创造一个良好的环境。

（五）艺术教育的形象性是创新能力培养的提升力

形象思维能力对于创新人才的培养是必不可少的。艺术思维具有非凡的跳跃性，它可以极大地拓展大学生的思维，打破传统教育中以逻辑思考为主导、强调概括的单向思考模式，让学生拥有更多的发散思维，从而形成一种融合逻辑思考与表象思考、概括思考与表达思维的创新思维。

1. 艺术教育有助于培养大学生的观察思维能力

拥有敏锐的观察力是创新者必不可少的素质之一，它不仅可以帮助学生发现日常生活中的新问题，还能帮助学生快速捕捉事物的主要特征。人只有具备这种能力，才能真正发掘出问题的本质。有才干者也总是以高度的观察力著称的。伦琴、贝克勒和弗莱明的发现，都是通过他们敏锐的观察力得到的结果，他们的发现，如 X 射线、天然放射线和青霉素，让人们深刻领悟到，只要用心去观察，就能发现真理。观察是模仿的基础，模仿是创新的前提，高校必须十分重视大学生观察能力的培养。观察能力不是天生的，也不是从天上掉下来的，观察能力一方面，需要各科专业教育的长期培养；另一方面，艺术教育对培养大学生敏锐的观察力有着其他专业学科不能替代的迁移作用。想象一下，某个受过正常教育的人能够精细入微地仔细观察，并借助明暗、颜色、透视、解剖等造型艺术要素，将眼中所看到的天然事物逼真地描绘出来，这个观察技术是多么敏捷！事实上，对于这些，学生在物理课上进行物理实验时，比其他人更能看到问题的具体细节和特征。由此可以断言，最优秀的科学家不仅仅是那些专注于自己专业领域的人，还是那些对艺术学科有着深厚了解的人，他们的观察思维更加敏捷，也更有洞察力。

2. 艺术教育有助于培养大学生的想象思维能力

人类创新潜能的发掘需要敏锐的感知力和丰富的想象力。科学也须提出假设，并通过实验来证明其准确性，以便更好地发现新的可能性。人在头脑中对所创造的事物也有预先假设，这就是想象。可以说，世界上的许多科学创造都得益于艺术想象的启发。在培养想象力方面，艺术教育有其得天独厚的优势。艺术作品是一种独特的信息形式，它兼具自由、模糊性和变数，这些特点为人类创造了无尽的想象余地，充实了他们的思维。它的功能和美学特点决定了它在人类文明中的重要地位。《十面埋伏》通过琵琶演奏出的民族性乐曲，让人想起了古战场上的战争场景。在这首曲子中，模仿战马嘶鸣的旋律让人感受到战争的恐惧和灾难。音乐作品能激发人类的情感，并将他们带入想象的世界。这种想象不受语言和画面的限制，人类可以自由地进行想象，并产生各种各样的幻想。每个人的想象都是独一无二的。歌曲是一种能激发人类情感的语言，它能让人感到兴奋，产生幻想，并促进思维的活跃。

（六）艺术教育的实践性创新能力是促进行动力的重要因素之一

创新或创意不能只停留在口头或是脑子里，创新的激情、创新的想象、突发的灵感等，最终只有付诸实践才能转化成创新成果。今天的大学生行动能力弱已经成为其阻碍创新能力发展的一种重要缘由。艺术教育是一种强调实践性的教育方式，掌握任何一种艺术形式都需要通过实际操作来提高技能和能力。通过艺术实践活动，学生可以熟练掌握艺术理论知识和技能，并在实践中不断探索、表达、比较、分析、归纳和推理，从而提升艺术思维能力，更好地理解艺术作品的内涵，并将创意付诸实施。这是一种充满乐趣的尝试，因为只要肯动脑、动手，就能获得成功，学生会在每次的成功中体验到无限的喜悦和满足。通过创作活动，学生可以更好地激发自己的创新欲望。在音乐教育中，创作是提高音乐智能的有效方法，它涉及将所学知识和技能运用到实际生活中。显然，在学习音乐作品的过程中，创造力是非常重要的，无论是作曲、演绎或是聆听，都能发挥出思维的潜力。通过音乐实践,学生可以主动创造出美丽的动作、声音、形态、旋律。这种无处不在的创造性活动对于培养学生的创新能力非常重要。

综上所述，通过艺术教育可以使大学生的创新潜能得到挖掘、发展和提高，并使大学生形象思维、创新素质和主动适应能力得到发挥和实现。艺术教育不是一般的提高审美能力和陶冶情操，它对人的智力开发，特别是提高人的创新能力，有着重大意义。

四、高校艺术教育与培养高素质创新型人才的策略

（一）创新艺术教育教学模式

1. 增加网络教学

由于互联网的发展，电子产品（如电脑和手机）早已成为人们生活的一部分。这些产品的出现大大加快了信息的传播速度，使人们能够轻松获取各种信息。信息技术背景下，人们获取资讯的途径更加多元，而其无论在生活与工作上，都更具有现代气息。而教育领域，作为培养人才的主要基地，更应与时俱进，将最新的技术与管理观念等融入相关管理工作中[①]。信息时代，计算机技术已成为高校大学生必修的一门重要课程，也是他们必备的学习与工作技能。计算机技术的发展为高校大学生提供了极大的便利，不仅可以辅助学习和改善生活，还可以丰富他们的娱乐文化生活。随着互联网技术的迅速发展与普及，当代大学生对计算机技术越发熟悉，甚至很多大学生在高校专业学习过程中都需要使用计算机来进行建模和实验。计算机技术为高校艺术教育提供了一个新的机会，互联网技术则能以多种方式传播信息，帮助学生学习。在互联网中浏览各类网页信息，大数据与云计算的更新换代都让信息传播的速度较之以往迅捷无比。同时，借助网络传播的艺术作品具有立体性和全面性，借助计算机技术（如音频和图片），可以以多种方式展示（如表演和绘画）。这些作品可以在大学里被全面展示。

在高校教学中借助网络，高校能将那些典型的舞蹈、影视等文艺表现形式传递给学生，让他们在观赏自己的表现时，也能受到艺术作品的陶冶，从而更好地感知艺术作品，并从中获得创作艺术作品的快乐。

2. 开展第二课堂

高校教学活动多种多样，其中，第一课堂是指学生在学业上的学习，第二课堂则是指学生在学业之外进行的各种活动。这些活动既有趣又富有

---

① 吴贺男，余柳莹. 信息技术背景下高校行政教育管理创新研究［J］. 青年与社会，2020（1）：221–222.

创新精神，能让学生更好地理解和掌握知识。第二课堂教学在培养学生综合素质这一方面发挥着重要的作用。广大的高校教师，甚至高校学生也十分喜欢第二课堂这种学习形式。经过总结，第二课堂与高校艺术教育一样，都是根据大学生的心理健康和学习兴趣，提供多种形式的文娱体育教学活动和参与实践活动。比如，到历史文物馆参观历史文物，到绘画馆欣赏艺术作品，到声乐厅享用一场文艺宴席等，这些社会活动都能充实学生的课余生活，提升他们的综合能力。因此，这种第二课堂的开展和高校当中艺术教育的开展，在一定程度上是异曲同工的。第二课堂可以成为艺术教育的一个课堂、一个支柱，在开展第二课堂的过程当中，将艺术教育融入其中，不仅让高校青年学生得以放松身心，获得自己的兴趣点，还可以让他们受到艺术的熏陶和影响，自觉或者不自觉地享受到艺术的给予，以此不断完善自己。

（二）搭建艺术教育交流的平台

1. 深化校际的合作交流

我国的高等院校类别众多，不仅有传统的综合型高校，也有具有独特学科专业性质的理工类、文史类、经济类等多种类型的高等院校，它们在学科专业发展和培养领域都有着自己的特色、优点，为社会发展做出了重要贡献。在当今高校艺术教育的环境中，理工类高校更加重视学生的实践能力，财经类高校则强调培养学生的经济思维，政法类高等院校则以其缜密的思维而闻名。因此，所有高校应该充分利用自身的特色，汇总和概括一些高校在美育领域方面的优秀做法，吸取其在美育领域方面的成功经验，以此促进学生综合素质的进一步提高，从而更好地激发学生的潜力。为了让大学生成功、成才并发挥全部才能，高校必须创造有利的条件为其未来发展打下坚实的基础。

在促进跨校协作和文化交流时，高校教育管理者应该拓宽视野，借鉴国外高校的各种资源来引导艺术教育，同时要尝试与外国已经发展成熟的高校合作，一起推动艺术教育对大学生成长的积极影响。美国麻省理工学院教师自行编写教学软件，这一方法能为国内外的理工类高校提供依据和参考。各类高等院校应该联合，一起探索新的方法来提高教学质量。通过将艺术教育与美育的校际交流合作从国内拓展到海外，使其更具有国际化特色，从而培养出更多符合社会发展需求的国际化人才。

2. 扩展社会外部交流

高校艺术教育的范畴不能局限于高校，而应当拓展思路，从更广阔的角度来看待这一领域。艺术神秘而高尚，但也并不仅仅如此。事实上，艺术也不受"阳春白雪""下里巴人"的限制，每个人都有权利去欣赏和创作艺术。如果把高校的艺术教育局限在高校中，那么就像把一个美女放在画布上，虽然看起来不错，但是实际上缺乏了真正的"灵魂"。艺术教育需要社会和高校之间的合作与发展。艺术无处不在，它源于生活并超越生活，脱离实际的艺术不能被称为艺术。在课程中安排一门艺术课程对于高校学生来说只是一种补充，而不是真正的艺术教育。高校教育管理者和教师应该利用社会资源，如聘请篆刻家、绘画家等文艺工作者来校举办座谈会，与学生进行互动；或者邀请表演艺术家、声乐团、歌舞剧团等以演出的方式增强学生的艺术感受。此外，还应该聘请一些民间艺术团体来校交流。这种方式能为大学生提供更开阔的视野，让他们更加深入地理解艺术。这对于培养大学生的艺术自觉性也是非常有益的，让他们能更加自然地感受到艺术的魅力。

高校应该不仅仅展示"吸引来"这样的外部文艺作品，还应该带来自身的"走过去"的作品。这种艺术展示不但能锻炼和促进大学生的艺术修养，也是向外界展示高校文化建设的重要方式。在社会磨炼中，热爱美术的大学生可以更加深入地探索美的奥秘，通过与他人的交流来学习外界的经验，汲取优点，抛弃缺点，不断完善自我，从而更好地理解艺术，提升逻辑思维和形象思维能力，并将其应用于自身的专业课程。

第五章　高校艺术教育管理研究

第一节　我国高校艺术教育管理的基本概况

一、高校艺术教育管理的基本内涵与特点

艺术教育管理是以艺术为媒介而进行的教育管理活动，它强调落实艺术教育管理的目标[①]，并对学生的艺术作品表现进行控制和调节。在高校艺术教育管理中，高校必须重视并遵守美育的基本规律，并将艺术作品作为一种工具来传递信息，以确保艺术教育的有效性和规范性。

高校艺术教育管理有以下几个特点。

第一，高校艺术教育工作的重点是青年教师和大学生。他们不仅是艺术教学实践活动的重要参与者，更是教学的核心。老教师经验丰富，青年教师则在思维创新能力方面更加突出，也更容易接受新技术与新理念。教师需要负责管理和指导学生，帮助他们掌握更多的艺术知识，并在学习过程中不断提升自己。大学生也应该积极参与艺术教学，为自己的审美能力发展做出积极的努力。因此，高校艺术教育的成功不仅取决于教师和教育管理者的努力，也取决于大学生的自我管理能力。要想获得最好的教育成果，就必须依靠教师和学生的共同努力。

第二，高校艺术教育管理与引导应当统一思路，以确保教育活动的顺利进行。在管理的各个环节，应当充分考虑到艺术教育的重要性，并将其与专业教育紧密结合，以确保教育质量的有效提高。

第三，高校美育的管理应当与其目标保持一致。根据《关于进一步强

---

① 李金福. 艺术教育管理学［M］. 昆明：云南大学出版社，2004.

化我国一般高等院校美育的若干意见》的规定，高校美育的主要目标是培养学生树立正确的文化审美观和文艺观，让他们拥有健康良好的品德，进一步提高他们对美的感受、欣赏、表达水平和创新能力。实现高校艺术教育目标的管理过程非常复杂。通过潜移默化的美育活动，高校可以培养学生的文化审美才能。因此，艺术教育管理的一致性对于实现目标至关重要。

二、高校艺术教育管理的三种基本模式

我国学者刘庆青研究我国高校艺术教育管理，在其《普通高校艺术教育管理模式微探》一文中，他把高校公共艺术教育管理分为三种模式。

① 单向结构型模式，是指一些学校不重视艺术教育，只是根据教育大纲开设部分艺术教育课程，这些课程在教学上由教务处管理，却没有与之对应的领导机构。

② 垂直领导型管理模式，即在高校设立文艺教育领导组，负责统一管理高校的美育工作，包括选修课、校园文艺活动等。这种方式可以调动教师的兴趣，提升他们的创新能力和自主性。

③ 网络结构型模式是一种以艺术教师为核心，团委、学生会和社团为辅助，教务处为支撑的多层次艺术教育活动，意在激发师生的主观积极作用，扩大学生的认识面，提高他们的文化素养。这种模式既可有效提高学生的学习效果，也有利于促进学生的全面发展。这种模式较前两种模式更适合高校的艺术教育管理。

三、高校艺术教育管理现状

（一）高校艺术教育管理机构的设置

目前，在我国高校艺术教育方面，没有统一的教育管理机构。有些高校设立了"艺术教研室"，有些高校设立了"艺术教育中心"或者"艺术学系"。这些机构的性质和工作范围不相同，挂靠的部门也不一样。有些高校的艺术教育机构只具有教学功能或者只具有行政功能，而有些高校的艺术

教育机构既有教学功能，又有行政功能。

（二）高校艺术教育管理行为方式

高校结合自身的实际情况，以艺术教育课程建设为切入点，加强艺术类课程的建设，落实艺术教育的要求和目标，旨在提升大学生的艺术修养。许多高等院校开办了各类文艺演讲和公共课，以迎合大学生的求知欲。此外，加强艺术类课程的建设能更好地促使大学生受到艺术教育，一些院校甚至在艺术课程的学分上做出了明确的规定。另外，还有一些院校成立了文艺协会，举办各类多姿多彩的学校艺术活动，营造出美好的文艺气氛。

高校文艺教育旨在为所有学生创造一个展现他们文艺才能的平台，通过开展各类优秀文化美育活动，如合唱团竞赛、文化节、校园歌手竞赛和大学生文艺节等，促进高校文艺教育的健康发展。

四、高校艺术教育管理的主要问题

（一）对艺术教育缺乏认知和重视，缺乏深入的理解和实践

国家对艺术教育的重视程度在逐渐提高，制定了一系列的管理政策。1989 年，教育部颁布了《我国高等学校美术素质培养总体方案（1989—2000 年）》；2002 年，颁布了《我国高校艺术教育规划（2001—2010 年）》；2006 年，颁布了《我国一般高等院校艺术类专业指南实施方案》，这些政策都是为了更好地推动美术教学的发展。通过这些管理政策，我国的美术教学得到了广泛推广，越来越多的人认识到了美术教育的重要性，并将其视为教育教学的一部分。虽然取得了一定的成绩，但是我国艺术教育的整体水平不高，各个环节仍存在着亟待解决的问题。

领导者的重视程度不够成为我国高校艺术教育水平不高的原因之一。如果各级领导人员没有给予艺术教育工作足够的重视，那么就会出现许多问题，并无法得到有效解决。为此，教育部出台了一项明确的文件精神，要求高校设立文艺教育委员会或者美术领导小组，并配置一名校级领导人员来分管高校的美术工作。但在实际情况中，这一规定并没有完全落实。许多高校缺乏专门的机构和统一的管理，即使有些高校设立了

机构，也是虚假的，或者责任不明确，或者执行不到位，或者水平较低。由于领导没有重视艺术教育，没有将其放在应有的位置进行思考，没有纳入其管理机制，管理机构的作用没有发挥出来，导致艺术教育工作无法顺利进行。

（二）管理机构不健全、职能不明确

艺术教育在高校管理中缺乏完善的机制，许多高校将其纳入艺术学院、教务处、校团委、学生处等机构的管理范围，以确保其有效运作。

目前，我国高校艺术教育管理机构的设置较为混乱，大多数高校是由多个部门共同管理的，在实施过程中衍生出一系列的问题。文学院负责管理培养优秀的专业师资，教务处负责管理安排课程和设施，校团委负责管理组织学生的文艺社会活动，学生处负责统一管理学生的社会活动，并且需要向学院提供资金支持。这样的管理不仅影响艺术教育的整体质量，而且耗费大量的时间和精力。

艺术教育在高校中的发展取决于一个健全的管理机构。许多学生认识到，艺术教育应该由一个独立的部门来管理，而不是与其他部门平行。这样，艺术教育才能发挥出最大的作用，并得到有效的管理。因此，艺术教育的管理应该得到重视和保障。

（三）经费投入不够

缺乏足够的资金投入一直是阻碍高校艺术教育发展的重要障碍。由于经费的制约，很多工作难以开展，如师资的待遇和培训、课程的开设、设备的更新、教学场地的配备、校园艺术活动的开展、艺术交流的进行等。艺术教育是一项需要大量资金投入的高成本教育，不同的高校在这方面的投入和支出可能存在差异。这些资金通常包括课时费、会务费、学术交流费用、科研费用、艺术团的运转费用和艺术活动费用等。为了让每个在校生都能享受到学校的艺术教育资源，学校必须在软件和硬件建设方面提供足够的资金支持。因此，资金短缺已经成为制约艺术教育发展的一个重要问题，需要尽快解决。因此，国家的相关管理部门及各地方高校的管理机构应针对不足及时制定相应政策，调整整体规划，以保障我国高校艺术教育的正常运行及整体水平的大幅度提高。

（四）高校艺术教学组织管理不到位

1. 高校艺术教学工作在组织管理上不规范

由于艺术教育管理机构的不健全，许多管理者没有进行听课或是对学生进行定期的口头、测评等方式来了解艺术教师的教学工作情况，也不能给授课教师信息反馈。当艺术教学出现问题和矛盾时，不能及时解决，就不能对艺术教学工作进行一定的调控。

2. 高校艺术教育课程缺乏顶层设计，教学质量不高，缺乏创造性的艺术教学改革

高校艺术教育课程缺乏顶层设计和统一的指导、管理，导致艺术课程的设置没有章法，教师开设的艺术教育课程随意性和自由性过大，课程设置不科学，忽视了学生审美能力和艺术修养的培养；上课时间大多为周末或晚上，整体教学质量不高；课程的开设也缺乏稳定性，一些课程甚至会随着教师的变化而开设或取消。

目前，高校开设的艺术教育课程数量各不相同，不同学校之间的差距较大；艺术教育课程的内容各式各样、杂乱无章，没有形成完整的课程体系，也没有多元的视野和文化的视野；大多艺术教育课程为任意选修课、通识教育选修课或是限选课。由于缺乏课堂教学的管理和指导，有些教师在教学过程中过于注重技术性教育，对学生的艺术教育实行专业艺术技能的培养，使艺术教育技能化，这不符合高校艺术教育的目标；有的艺术教师教学不规范，讲课内容缺乏文化内涵，教学方法陈旧、呆板，不能调动学生的积极性，再加上没有科学的艺术教学质量评价体系，教师的教学是否符合高校艺术教育标准没有依据。学生认为艺术课程是易拿分的课程，逃课情况严重，艺术教学质量低。此外，高校艺术课程形式和资源已经不能满足现代学生的需要，很多高校的领导者对教学改革的管理不够重视，听之任之，束缚了艺术教师改革教学的积极性和创造性。

3. 学生对高校艺术活动的参与度不够，校园艺术氛围欠缺

一些学校的艺术活动往往只有那些艺术骨干学生参与，大部分学生很少能参与活动。缺乏对课外、校外艺术教育的管理，导致一些高校的艺术活动水平不高，娱乐性的活动较多，而学术性的活动比较少，效果和影响

力不大。一些学校虽然表面上看起来艺术活动十分丰富，但是仅限于现代流行艺术的领域，范围较狭窄。很多学生没有观看过我国传统的艺术文化表演或是听一场交响乐。很多艺术活动得不到专业艺术教师的相应指导，使大学生处于盲目的自编、自导、自演的状况。虽然学校存在着学生组织的各种各样的艺术社团，但是绝大部分很少举办艺术活动，更达不到较高的水平①。另外，一些高校热衷于参加各种艺术比赛，把艺术特长生作为重点培养对象，只重视艺术团或特长生的活动，忽视了普通学生的艺术教育，普通大学生没有机会在舞台上进行艺术表演②。

4. 设备欠缺

由于财政紧张，许多高校缺乏必要的艺术教学设施，甚至没有专门的音乐、舞蹈教室，而且教学软件的质量不够理想，这严重影响了艺术教学的效果③。教学设备的严重不足和资金的缺乏严重影响了课堂的教学质量，导致高校艺术教育工作的开展较为困难，艺术教育水平不高。

（五）艺术教育管理者的思想理念落后

许多高校的领导者没有充分认识到艺术教育的重要性，他们缺乏统一的规划和领导，将其视为一种非主流的课程，只是简单举办一些文艺活动，而忽略了艺术教育的重要性，从而导致艺术教育缺乏有效的管理，也没有得到足够的关注、建设和投资。由于高校艺术教育的重要性被忽视，高校管理者缺乏对新管理理念的学习，对管理文化的认知不够深入，管理技能不足，缺乏全局视野和分析问题、解决问题的能力，在与人交往协调方面也存在欠缺，无法有效地组织和协调高校艺术教育活动。这些问题归根到底是对高校艺术教育管理的思想认识不到位。

① 黄建珍. 对目前我国普通高校音乐教育模式的分析与反思［D］. 厦门：厦门大学，2008.
② 庞海芍. 大学艺术教育面临的困境与出路［J］. 中国高教研究，2005（12）：77-78.
③ 李爱真. 我国普通高校音乐教育管理模式探析［D］. 北京：首都师范大学，2006.

第二节　我国传统高校艺术教育管理模式的
困境与转型研究

一、我国传统高校艺术教育管理模式的困境

艺术教育管理是高校艺术教育开展的重要保障，是体现艺术教育地位并落实教育目的的重要手段。高校艺术教育在不断发展的过程中形成固有的管理模式——碎片式管理，其原因是复杂的，也正是这种碎片式的传统高校公共艺术教育管理带来了诸多问题。

（一）机构糅杂

虽然许多高校在努力提升美育水平，但是管理工作不严谨、缺乏科学归属，导致美育处在多头管理或无序管理工作的状况。尽管他们在表面上给予了艺术教育一定的重视，但是实际上忽略了整体素质的提升，只关注学科专业教育。由于政策的限制，一些大学的机构被迫建立，而不是真正重视它们的思想，因此它们的运作存在着一定的随意性和间歇性。

目前，各个大学对于高校艺术教育的归口不一。从机构设置来看，大多数高校的艺术教育机构隶属于二级学院人文学院、艺术类院系或行政职能部门教务处、团委以及工会等。根据对江苏省10所高等院校的调查结果，一些院校美术机构由学院教务工作处负责管理，因为它们需要安排课程，将美术当作一种活动。另外一些院校美术机构则由院党委宣传来负责管理，因为它们认为美术与学院宣传相关，并且与学院政治思想文化工作有联系。还有一些院校美术机构由团委负责管理，因为它们认为美术与社会关系密切，所以应该由团委来接手。还有一些院校美术机构挂靠艺院，因为它们认为技艺性的课程由艺院来承担较为容易。还有一些院校仅以发文的多种形式宣布设立美术管理中心，这样可以更好地管理艺术教育工作。美术教学办公室由校领导挂名，各二级学院分管领导为成员，

结构上是走走形式。然而，还有极少数院校建立了由校领导直接领导的美术教育中心，在人、财、物等领域拥有很大的自主性。这些服务中心由于归属或挂靠等原因，自主发展的空间极小，深受所归属或挂靠单位的限制。各所高校各自为政，没有统一的归口，这对高校艺术教育的发展极为不利。作为高校的艺术教育教师，更是因为学科的边缘管理，缺乏规范化、系统化，而面临作为教师身份的尴尬，在待遇、考评、职称、工作业绩等的考核上存在盲区。

（二）结构单一

传统高校美术教育管理存在着结构单一、平台教学模块少的问题，这使得许多学校只能依靠课堂教学和校内艺术文化活动实现美术教育的目标。然而，这种方式往往缺少创造性，根本无法适应学习者的个性化要求，也无法有效激发学生的美术兴趣。许多学校活动缺少创造性，不能从根本上鼓励学生参与各种精彩的校园文化活动。这些活动仅仅是艺术团或零星的活动，学习者很难充分运用所学的理论知识和技能，也不能获得明显的艺术素养提升。此外，欠缺与之相配套的平台模块，多平台的校园文化活动和第二课堂等网络平台的开设也相对不足，学习者进行艺术实践的氛围远远不够，导致学习者欠缺美术陶冶和发散性逻辑思考练习。因此，将所学的学术基础理论知识转化为艺术修养是一项艰巨的任务。

虽然许多高校每年都会按照一定的程序实施校级项目，但是在平台拓展方面仍然存在一些问题，比如，艺术团的发展、如何将校内项目推向校外、如何更好地为当地经济文化发展做出贡献，等等。又如，校园艺术展演项目、艺术实践与竞赛等项目，虽然有着高校特色，但是缺乏"面向全体，人人参与"的效果，使得非艺术专业的大学生项目停滞在娱乐性和个别项目层次上，缺乏系统性和规范性。艺术教育活动的资金投入相对较少、经费有限，政府和私人捐资也很少。尤其是缺乏长期机制，高校很多艺术类活动更多的只是为了应对检查和评价，并未认真在制度、教育模块的建立上下功夫。

（三）内容陈旧

艺术课程是高校艺术教育实施的重要内容和途径，但是在当前的高校中却普遍存在这种现象，即有不少艺术课程体系缺乏变化发展或不完善，导致艺术教育发展不平衡。随着经济社会的转型，许多综合性大学在课程设定上偏向实用性，例如，英语和计算机类课程被视为必修课，而艺术教学则被视为选修课，导致了通才教育的缺失。这个设定忽略了学生的主体性，意图将他们培养成社会经济利益的人群，而忽略了人的内心需要、生存发展目标、人格情感沟通和社会价值信念，未能反映"以人为本"的教学理念，限制了人的个性发展。

艺术文化教育在高校中的设置存在着许多问题，其中包括课程内容缺少科学性和合理性、教科书选用随意、没有系统规定、教学方法陈旧老套、教学活动设备简陋、教学活动方式简单滞后。选修课由教师而定，开课中年轻教师较多，有学术造诣的教师却几乎不参与，没有学科的评价机制，只设开课，不求效果，艺术教育变成了点缀培训，没有实质性的内容，没有真正充分发挥艺术教育的作用，显然没有切合学生的学习需要，也没有深入挖掘他们的艺术感知。教师缺乏自我激励、自主意识，在教学中缺乏自由氛围，导致课程内容缺少创新性。

（四）功能紊乱

当前，"求真、尚善、启美"的艺术价值要求被高校艺术教学所重视，旨在以美导真、以真入善、以善启美，以求真为动力，以尚善为终极目标，以启美为教学核心功用。然而，传统的教育管理模式存在着多种异化现象，使艺术教育的功能失去了平衡，无法发挥出其应有的社会价值，甚至有许多普通高校将"附庸教学"视为艺术教育的唯一方式。但实际上，审美能力提升是艺术教育的重要内核功用，它不仅能提升大学生的思想道德素质，培养学生的思维能力，形成健康的性格，而且能辅佐品德，推进智育。然而，许多高校忽略了艺术教育的重要性，"附庸"的做法是不可取的，因为忽视艺术教育会严重妨碍大学生的全面发展。

艺术教育是高校素质教育的重要组成部分，其重要的核心功能之一在于能培养大学生的感知力、想象力和创造力。但是，现实的教育情况是过于严格地模仿"技能教育"，而使许多高校把艺术教育视为一种技能培养，忽略了艺术精神的提升，致使教学任务和目标偏向于技能培养，不利于全面发展审美教育。更有甚者，将艺术教育当作谋取就业和名利的途径，这种功利主义和枯燥乏味的教育压抑了学生的兴趣，只能以社会权威、名家和主流风尚当作参照，改变自我，形成规模化、工具性和市场化的作品表现审美能力，最后的结果是扭曲了个人社会性。

二、传统高校艺术教育管理模式向现代教育管理模式转型的对策

（一）从传统教育管理理念到现代教育管理理念的转变

现代教学观念是一种基于当今社会、经济和文化环境的新型教育观念，它不仅要求高校更加注重实践，而且要求高校在教学制度、管理体系等方面不断创新，以适应时代的发展。在当今这个充满挑战的时代，高校必须摒弃传统的教育方式，并在现代教育理念的指导下，进一步提高高校的思想意识。因为现代社会是从过去的社会演变而来，所以需要改革的是那些不适应社会主义现代化发展的传统教育，优秀的东西则应当继承发扬。

美育在于提高学生的人文主义知识水平，塑造健全的个性，发展多元智力，并使他们能将各个领域融会贯通。这是一项广泛适用的美育，在于培育具备专业知识的美术家，经过对大学生的广泛教学，帮助他们提升审美能力，增强创造能力。强调和提升高校领导对美育的重视，是推动学校艺术教育课程取得成功的关键。加强普通高校负责人对公共艺术教育的认知，是实现这一目标的有效措施。

（二）深化改革，建立新的高校艺术教育教学原则和方法

建立高校艺术教育管理模式旨在培养具有全新的思维方式、综合认知能力和解决问题能力的大学生，"要遵循教育学、艺术学、教学基本原则和艺术基本特征，要把握好大学生的艺术与审美心理发展规律，是在分析和认识这些艺术教学实践中所具有的基本矛盾关系基础上提出的处理这些矛盾关系的实际工作要求"[①]。基于现代教育理论，结合高校艺术教育的特点，

---

① 郭声健. 艺术教育论［M］. 上海：上海教育出版社，1999.

高校应该采取新的教育原则和方法，整合各种教育资源，使公共艺术教育管理更加科学和规范。

在遵守教学原则的基础上，采用多种教学方法和艺术手段，充分发挥学生的公共艺术潜能，并结合相关学科，从多个角度和视野进行教学，提高艺术教育效果，帮助学生拓宽视野，开阔思路，增强审美意识，提升艺术修养。教师应该努力营造良好的艺术氛围，尽可能激发学生的积极性，让他们从被动接受转变为主动参与艺术教育活动。高校应该摒弃传统的"填鸭式"教学方式，充分利用先进的现代教育技术，让学生在感受外部刺激和进行操作性行为的同时，也能获得艺术审美的愉悦。

（三）构建立体的艺术教育实践平台

高校应该重视艺术教育实践平台的建设，以提升学生的审美体验。这需要建立一个有效的管理机制，以确保艺术实践活动的顺利进行。通过这种方式，高校可以为大学生提供更好的艺术教育体验。为了更好地实施艺术教育，高校应该建立相应的机构，由学校的副校级领导牵头，并与其他主管部门（如宣导部、管教处、学工部、团委等）合作，确定每年艺术教育活动的定位和主题，并制定有效的制度、措施和组织。把每年重要的校内、校外的文化活动和节目汇总一下，作为艺术活动形式形成长效机制，开展系列活动。

在全校范围内营造良好氛围，抓好普及教育，让更多的学生关注艺术教育，参与其中，在丰富多彩的文化艺术活动中获得美的愉悦。高校可以把学校专兼职的艺术教师"包干到户"，在学院和班级中普及多项教育和分类指导，提升艺术文化水平。

为了更好地发挥团队作用，高校应该重视大学生文艺团队的建设和发展，培养文艺兴趣爱好，并扩大艺术实践项目。高校应该通过各班、院系或协会的多种形式组织文艺团队，带动整个校园的文艺教育运动。通过结合普及和提高，高校致力于建立和发展艺术团，培养高素质的文艺人员，并让他们带动整个校园进行高质量的文艺教育。高校还应创建一个文艺品牌，发挥它的优势，形成一个长期有效的艺术教育发展体系。为了提高校园艺术教育活动的水平和质量，高校应积极参与省、市级的示范性展演活动。高校应紧密围绕活动主题，集中精力制作、安排和上传作品，并参与各种小型艺术活动和比赛。高校还应建立完善的激励机制，以数字化的方式推进各种文艺教学实践和竞赛活动，并承担各类有关艺术活动的承办工作。当前，全国正在积极推广高雅艺术进校园活动，将丰富的艺术表现形式和文化传承带给大学生。在这项活动中，高校需要组织和开展各类活动，为艺术教育的推广创建良好的平台。艺术教育不仅应该在校内进行，还应该扩展到校外，从学校到社区，建立一个为社会提供公共服务的网络平台，以促进社会发展和大学生的全面发展。如与地方政府紧密合作，建立研发中心，以提高艺术教育的影响力。

（四）建立有效的艺术教育的激励与评价机制

教育是一个复杂的过程，它有自己的规律。在教育管理工作中，高校教育管理者和教师应该遵循这些规律，建立一个高校艺术教育评估体系。应该牢记，大学生的全面发展是高校教育的目标，并将实现这一目标作为评估的准则。在高校中，如教务处和艺术教育委员会等，应该负责具体的评估考核工作。

为了实现艺术教育的理想，高校的领导层应该给予充分的重视，并建立有效的监督机制。此外，教育主管部门还应该将艺术教学的"美"指标和观测点纳入人才培养质量评估方案和当年教学评估中，以确保美育能够贯穿于人才培养的整个过程；加大对教育领导者和行政工作人员的管理力度，全面评价课程的质量、数量、教学资源及其设施，以确保教学质量达到最佳水平。以符合艺术教育规律和特点为基础，建立一套完善的质量监控体系，以确保每个教学环节和实践环节都能得到有效的规范化和制度化。

为了保证艺术教育的有效实施，高校应该加强对教师教学的评估。这包括评估教师的课堂教学能力、课程教授策略、使用的教材、课堂效果等方面。通过这些评估，高校可以更好地保障艺术教育的顺利进行。

此外，高校还要对大学生艺术教育水平进行测评。艺术教育的目标是通过培养学生实现的，因此高校需要对学生的学习过程和成果进行评估。通过观察学生在艺术教育中的表现，高校可以更好地了解他们的学习情况，并为他们提供更有针对性的指导。

在建立有效的美育激励和评价机制时，应当重点检查学校发展规划，以确保其具有科学性、实施成效和调整完善的能力。此外，还应当对规划中的历史背景研究、思路、总体目标、责任、措施、规划的监控和评价等进行全面考察，以便更好地体现艺术教育的特点和重要性，并且根据高校的实际情况和发展趋势及时调整和完善实施中的规划。在制定评价指标和标准时，高校应该设计一个符合特征的评估方案，并组织相关部门进行自我评估，并将结果归纳为综合评估。对于评估结果，应及时反馈，如向校长和有关部门提出建议，同时应该增加评估的透明度，将评估结果公开，让全校师生都能清楚地了解自己的优势和不足，营造良好的评估氛围。高校教育管理的领导层应该对艺术教学获得的实质性成绩、荣誉和社会影响力给予奖励，以此来提高人们对艺术教学的重视程度。

（五）营造有利于艺术教育的社会氛围，促进社会发展

随着社会生活的不断变化，社会环境的质量也在影响着高校艺术教育的发展。因此，高校应该努力改善校园环境和周边社会，为实现新的艺术教育管理模式打下扎实的根基，以促进艺术教育的持续发展。艺术教育与社会息息相关。为了促进其发展，高校教育管理者不仅要努力改善学校的教育环境，还必须寻求外部的支持。为此，应该重视社会人文艺术教育环境，如社会文化建设、民众文化、民俗学和大众传媒社会文化的建立，并在这些领域中普及艺术教育。同时，还应该为青年大学生提供优惠政策，以促进艺术教育的普及。让大学生深深地被这种文化艺术氛围所吸引，充分发挥他们在社会艺术教育中的重要作用。随着社会发展和人民文化生活水平的提升，高校应当加强美育，普及美育，并且通过家庭、学校和社会的共同努力，来提高他们的文化艺术修养。

为了促进文艺教育的可持续发展，高校教育管理者必须加强法制建设。高校必须采取符合国家大政方针的文化发展政策措施，并有效地实施这些政策措施，以规范社会文化艺术活动。在不同的历史时期，文化艺术的管理方式或许会有所不同。但是，无论严厉还是宽容，文化艺术都是国家意志的表达和表现，并受到相当程度的国家干预。

艺术教育要体现国家意志和人民审美诉求，通过艺术教育的推广，有效传播中西方优秀的艺术文化。每个问题都有其独特的特点，它们不仅仅是单独存在的，还是与其他因素相互融合，具有综合性和全面性。因此，解决艺术教育领域的问题需要结合其他社会问题，才能取得最佳效果。大学生艺术素养的高与低也是某种社会问题的反映。社会问题的解决需要从多个层面入手，而不是仅仅从精神层面出发，更要深入体制和物质层面，才能取得有效的结果，离开了后者，人文精神的提升也是难以持久的。因此，要解决类似的问题，应根据现有社会情况，从实际出发，真正有效地实施改革和完善各种制度；根据时代发展，制定出符合社会发展客观要求和人全面发展的相关机制。

第三节　国外高校现代艺术教育模式借鉴与启示

一、欧洲艺术教育

艺术设计教育起源于欧洲，在欧洲现代社会发展中，艺术设计有着不可估计的作用和不可代替的位置，并且设计意识扎根于欧洲人的内心深处。欧洲艺术设计在全球范围内引领着时尚潮流，为科技发展做出了重要贡献，也丰富了人们的生活，提升了人们的审美观念和审美水平。

加拿大美术教学管理模式的蓬勃发展与基础教育管理模式的改革密不可分，它强调学校教育和社会支持系统的有机结合，并且大力推行社会艺术家的指导，以促进美术教学的蓬勃发展和实施。当地政府为了支持和赞助艺术家，要求他们每年为高校带来大量高质量的艺术作品服务。为此，当地政府和高校不仅定时举行大型综合性艺术活动，还设立了多姿多彩的艺术实践和艺术俱乐部，以满足学生的各种艺术需求。

德国包豪斯艺术设计教育对我国艺术教育模式的影响极大。包豪斯艺术设计教育旨在培养学生的实践技能、创新思维和独立性，让他们能够敏锐地观察问题并有效地解决它们，从而更好地应对日常生活中的挑战。艺术教育特别强调实践环节的重要性。包豪斯艺术设计教育的教学模式是以着重培养各方面能力为主，而不是单纯停留在知识理论和技术的复制上。为了提升学生的实践技能，包豪斯艺术设计学院特别设立"作坊"工厂，这里既是课堂，也是实践场所。此外，该学院还采用了将工作室与社会项目相结合的教学模式，以更好地培养学生的实践能力。格罗庇乌斯是包豪斯的创始人，他大胆地改革了"艺术""技术"，并以教育理论为基础，通过"作坊"来实现教学目标，将艺术设计教育从理论转变为实践。

二、美国的艺术教育

美国是教育领域的全球领先者，艺术教育也受到了美国政府的高度重视和投入。1994年，《教育法》正式被纳入美国的教育体系，其中包括从小学到高中12年的音乐、舞蹈、戏剧、视觉艺术课程，这些措施使艺术教育得到了广泛普及。

美国高校的艺术教育深受德国和英国的影响。美国高校艺术教育看中艺术的价值理性，不把艺术当作教育终极目的，它们在意的是通过艺术的教育激发受教育者对艺术背后的思想、文化、人性的思考与感悟，注重对人的创造性和人的发展造成的影响。美国在实施艺术教育时普遍宣称艺术教育是独立自成体系的，不具有社会伦理和道德教育的义务和作用。艺术教育的作用主要并不在于直接为某种政治目的服务，而是为了提高人的精神境界，提升人的灵魂，让人更完善更幸福[①]。

美国的师生比例尽可能控制在1∶15的范围，保证每个学生都能得到高质量的教学。美国为聘用教师制定了专门的、严格的录用标准，公开对外招聘制度。例如，教师要有相关的艺术教育经验，在艺术设计领域有一定的社会认同度或是地位。除了这些硬性标准限制外，教师还要进行一系列的考试，对专业技能的测评和教育教学能力的考核。这样的艺术教师不仅知识结构系统化，专业能力也是不容置疑的。这样的教师入校参与艺术教育，不仅

---

① 吴婷. 中美高等院校艺术教育理论与实践比较研究［J］. 美与时代，2011（8）：31-33.

对学生有利，对于本校教师也是资源交流的机会，从而推动学生、教师共同进步。艺术设计教学不仅仅是传授基础知识，更重要的是将最先进、最实用的经验知识传授给学生，并通过实践来提高学生的能力。艺术设计教师通常具有较高的文化修养，这对学习者来说是一种很好的熏陶，因为优秀的教师能引导学生养成良好的学习习惯，培养他们的人格情操。

三、日本的艺术教育

日本能在艺术设计领域迅速崛起，其经验更值得我国认真研究、学习和借鉴。日本艺术设计萌芽于20世纪50年代。日本一直在努力吸取欧美工业国家的成功经验、技术，并邀请著名设计师来讲授这些知识。此外，日本还派遣留学生前往欧美艺术院校留学，或者透过旅游来收集欧美的设计经验。日本积极筹办欧美建筑设计作品展，以此推动日本工业设计协会的成立，并且加强与国外艺术家的交流和互动，以促进双方的发展。在这一过程中，日本政府直接参与，和民间组织共同努力，多管齐下地发展日本艺术设计产业。

日本艺术设计具备"传统"与"现代"完美结合的特点。他们首先学习西方先进的设计模式，迎合国际市场的需要，最初采用的策略是"拿来主义"；其次"取其精华，去其糟粕"。以日本汽车设计领域为例，日本汽车企业大量引进西方的先进生产线，走欧洲汽车制造"内重质量，外形简朴"的路线，在保证汽车"性能好，价格低"前提下，还具有外观艺术设计优美的特点，从而占领市场。

四、当代国外艺术教育的特点

（一）教育内容上强调跨学科和综合性

跨学科和综合性是国外学校艺术课程建设的核心原则，也是其独特之处。这些课程不仅关注传统文化、民俗习俗，还重视艺术要素及其在审美过程中表现出的艺术性和个性特征，以此来激发学生的创造力和探索精神，培养其审美能力和创造性思维。

（二）教学方法上强调探究性和多元化

在国外艺术教育中，探究是一种重要的学习方式，它将艺术探索与科学研究紧密结合，以提高学生的创造力和实践能力。在国外，艺术教育强调培养学生的个性和独立学习能力，并且对教学要求非常严格。这种教育方式几乎可以被视为科研，但也注重实践性和探究性。课程设置中安排了大量的自修时间，以便学生能进行探究性学习。通过综合运用多种教学方法，国外艺术教育的效果得到了显著提升。在实施艺术教育时，不同地区的学校采取了截然不同的教学方式，即使在同一专业和班级中也有着各自独特的教学风格。

重点强调学校、社会和家庭之间的合作与互动，以促进教育的发展。

许多国家都非常重视艺术教育，并努力为其创造良好的社会环境和氛围。在美国中小学的艺术教材中有一本专门针对家长的书，它详细描述了学生接受艺术教育的内容、目标以及家长应该满足的要求，以帮助学生更好地发展和成长。美国家庭非常重视学生的艺术培养和熏陶，他们的住宅设计、布局、室内装饰和摆设都充满了艺术气息，让学生在家庭氛围中获得更多的艺术享受。

（三）教师队伍结构上强调专兼并举

外国艺术教师的综合素质非常出色，他们不仅拥有丰富的小学艺术教育实践经验，而且拥有广博的人文和科学知识，这使他们的教学更加全面、深入，更能满足学生的需求。艺术教师队伍具有专门的理论和丰厚的经验，也有兼职的教师。他们具有专门的教育能力，也有兼职的经验。

五、国外艺术教育对我国的启示

（一）保持传统文化，现代化与个性、民族特色相结合

日本把他国经验和本国国情相结合，采用"拿来主义"，在不停借鉴的步伐中，把现代的设计观念、其他国家的优秀经验、本民族传统文化三者相融合。很少有国家可以像日本这样在发展现代化时还能完整地保存和发

扬本民族文化，在这方面，日本为我国提供了很好的典范。

民族风格是民族特有的、独具特色的，是别的国家无法复制的文化根基，融入民族风格的设计作品能代表本民族的风貌，时刻体现传统文化，是民族文化自信心的一种表现。日本在发展现代化的同时完整地保持，甚至发扬了本民族传统文化元素。在与现代设计结合的同时，找到了一条适合其民族发展的道路——现代化与独特个性、民族特色相结合的风格。日本在学习西方发达国家的优秀经验时，不仅从中吸取教训，而且有自己独特的消化和选择机制，加上本国传统文化的影响，使日本的文化、经济、政治都具有独特的意识形态，艺术教育也拥有"现代"和"传统"两种不同的特色。如何在快速发展的当今社会保护传统文化元素？显而易见，这是日本艺术教育值得我国学习、研究、借鉴的地方。

（二）不断改革创新，技术、艺术、人文相结合

欧洲包豪斯艺术教育对我国艺术教育的影响极为深刻且深远，其本身也曾对我国艺术教育产生过冲击。但同时应当认识到，包豪斯作为现代艺术设计教育的实验先行者，其发展一直都是建立在改革创新的基础上。每个阶段，包豪斯都在不断调整教学体制和课程设置：从"双轨制"的启用到废除，从"作坊"到工作室制，从回到中世纪手工艺时代理想到"艺术与技术的新统一"，每次变革都印证了包豪斯的革命性。创新让包豪斯占据了空前绝后的位置，在欧洲艺术教育历史中，包豪斯是前卫的改革派，将其置于自身的发展历程中，包豪斯依然是坚定的改革派。

21世纪，我国迎来了一个以信息、科技为主导的新时代，社会与经济发展促成了工艺美术教育向现代艺术设计教育转变。这一转变从根本上改变了今天人们思考问题的角度。现代艺术设计教育旨在培养人们的创造力，并将艺术、科学和文化融合在一起，以满足现代工业生产的需求。这种教育方式旨在促进人们的创造力和个性发展，为社会做出贡献。如今，我国的现代艺术设计教育已经处于世界领先水平，那就该低头向前辈请教，向智者学习，向传统取经。艺术设计和艺术设计教育的发展更应该结合人文精神，走向技术、艺术与人文的统一。

（三）引进外聘教师，交流、互动，弥补不足

高校艺术设计教育要着重培养学生的专业审美眼光和洞察力，注重对学生潜在力量的挖掘，培养具有高尚职业道德情操的设计者。我国的艺术设计教育教学可以借鉴聘用外来优秀教师、有经验的设计师、有一定社会地位的设计名家作为专业教师，来学校授课，无论是对学生还是对本校教师来说，都是学习的好机会。外聘来的有经验的教师、专家学者，他们无论是在艺术基础上还是实践能力上，经验都要优于在校教师，这就形成了师师互动交流的平台，不仅有利于提高教师水平，还可以弥补设施不全的缺陷。

（四）加强艺术教育与其他学科之间的联系

在发达国家，艺术教育注重将艺术与其他学科紧密结合，美国、英国和日本都在艺术教育中表现了情感与理性、逻辑与形体、历史与科学的融合，并致力于达到开发平衡。

为了提高中国大学的美育水平，高校必须重新组织各门美术课程与其他学科相互之间的紧密联系，进行对美育的深入探究。这样，学习者才能正确理解整体与局部之间的内在联系，并且这是公共艺术课程与其他通识课程的区别所在。因此，艺术教育不应仅仅被视为"花瓶"中的一部分，而应被放在更重要的位置。

（五）走"中国特色"的艺术教育之路

在艺术教育研究方面，虽然我国的"零点工程项目"和"美术推广"工程项目等，教学实践投资持续时间较长，投入成本较高，但实际成果丰硕，值得高校借鉴。美国和日本采取了一系列政策和法规来推动美育的发展，如《全美艺术教育标准》《2000年主要目标：美国教育法》和《教育基本法》等，体现了这两个国家对美育的重视和支持。

古代中国产生了"兴于诗，立于礼，成于乐"和"君子"的教育思想，这为我国在艺术教育方面借鉴西方理论提供了重要基础。在借鉴西方美学教育经验与成果时，高校应该坚持马克思主义批判继承的思想，并根据国内的实际情况加以革新。高校应该走有中国特色的道路，建立具有中国民族特色的艺术教育体系。

第四节　推动和完善我国高校艺术教育管理与发展的对策

一、建立健全艺术教育管理机构

为了确保高校艺术教育的顺利进行，建立一个规范完善的管理机构是必不可少的。这样，高校才能为艺术教育工作提供良好的平台，并提高管理水平，使之成为艺术教育快速健康发展的重要条件。按照教育部的意见，各高校应该成立美育管理中心、美育理事会等组织，由校级负责人兼任负责人，并邀请相关单位参与，成为全校美育的主导组织，参与制定和实施高校美育的政策与措施。文艺教育部门的主要职责是制定长远和短时规划，健全各类规章制度，整合学校资源，协同有关部门促进美育的发展。身为高校的二级单位，文艺教育部门不依赖于任何院系或行政部门，在人员编制和经费方面也具有相对独立性，负责管理全校的美育课程和社会活动的实施，进行教学评估和督导，使高校的美育更加规范化和制度化。

二、通过拓展艺术教育的方式，高校致力于培养多元智能人才

在高校艺术教育的教学内容安排上，除了必要的艺术知识、艺术史、艺术文化、美学、审美等理论学习外，艺术实践也是必不可少的组成部分。

首先，高校需要建立一个制度化、专业化、规模化和精品化的学生艺术社团。大学生艺术社团的建设和管理是高校艺术教育的组成部分，完善艺术社团的建设和管理对大学生校园生活的丰富、兴趣爱好的培养、人际社交范围的扩大、审美体验和内心世界的丰富有着重要意义[①]。通过艺术团

---

① 徐红. 普通高校公共艺术教育规范化建设刍议［J］. 高教探索，2008（2）：110-114.

的艺术实践，学生不仅能在理论上提升自己的艺术知识和文化素养，培养良好的审美态度和艺术感觉，还能培养出勤奋、坚韧、团结协作、宽容大度等优秀品质，对个人的性格发展有着深远的影响，同时能提升学生的集体荣誉感和责任感，这些优秀的品质和能力将为他们日后的社会实践、专业成长和工作中的成功打下扎实的根基。

其次，为了提升高校的文化艺术水平，高校应该开展多种形式的社会活动。这种社会活动应该吸引师生广泛地参与进来，特别是在非专业艺术院校。作为美育的组成部分，高校艺术教育能激发人的能动性，提升大学生的整体竞争力。高校应该营造一个充满活力、尊重个性、鼓励创新的环境，以促进学生的发展和成长。这样的校园文化才能更好地培养大学生的个性发展和创造思维，让他们在学习中获得更多的成就感，并且能更好地达成立德树人、知行一体的教育目标。高校可以采取多种措施，如引入高雅艺术、塑造文化品牌等，不断推动师生道德和文明素养的培养，发挥文化育人的功能，营造有利于人才培养的良好氛围，加强典型引领，挖掘和弘扬身边的感动，以榜样的力量激励师生追求卓越，崇尚美德。通过丰富多彩的群众文化活动，高校可以培养学生的艺术素养，让他们在艺术教育中得到更多的发展和成长。这样，高校就能建立一个以人为本的机制，让师生的发展与学校的事业发展和谐统一，激发他们对艺术的热爱，懂得艺术，欣赏艺术，并为创造更好的生活做出努力。

三、构建科学合理的高校艺术教学组织管理体系

（一）科学管理艺术课程的设置

高校应该根据教育部的政策要求，结合学生的需求和实际情况，不断调整艺术课程的设置和教学内容。为了更好地满足学生的需求，建议高校提高对艺术课程学分的要求，并建立一个既包括必修课程又包含选修课程的课程体系。这样，学生就能在整个大学期间学习到必修课程和选修课程。

高校可以建立艺术类教育课程审核机构。机构由各学科专家教授组成，决定艺术类必修课程的审核和设计，以及相关的学分、课时数等，确立艺

术类必修课程的教学目标。

（二）建立规范的艺术课程教学秩序

正常的教学秩序是指"教学的全过程都能较严格地按照教学计划执行，教师和学生能紧密地联系和协作，教学活动能和谐地向前运动和发展中所表现出来的教学过程的顺序和教学活动的规则"①。要对高校艺术课程的教学工作进行有效的管理，必须建立一个高度统一协调的指挥系统和良好的教学秩序。为了确保艺术教学活动的有序进行，应该制定一套切实有效的规章。这些规章应该能有效地促进和规范教学活动过程，并且要求大学生在参与艺术教育管理时，既要尊重他们的权利，也要尊重他们的责任。同时，从事高校艺术教育的教师，特别是美术教师，应该成为高校艺术教育管理的核心力量，为实现高校艺术教育的目标提供支持。为了更好地实现艺术教育的目的，高校应该鼓励学生和教师参与教育管理活动，并积极调动各类因素。此外，高校还应该根据当地情况制定适当的管理方式，严格执行教学计划，鼓励教师运用当地丰富多彩的民间艺术资源来推进并传承我国的优秀传统民族文化。

管理高校艺术课程的过程包括对教学活动开展的各个环节、不同时期和层次的教学活动实行指导和管理。高校可以适时收集和整合各种活动表现出来的信息内容，为教学活动提供有效的指导和支持，从而提高教学质量。

（三）提高艺术教学质量管理

美术教育质量是衡量一所高校艺术教育管理水平的重要指标，是其成功的关键因素。因此，高校应当根据有关政策措施的需要，制定科学合理的美术质量标准，以确保美术教育的有序运行。美术质量的检查是为了确保教育过程符合培养目标，并通过评估和鉴定来实现这一目标。为了实现这一目标，可以采用多种方法，包括全面检查和重点检查、平时检查和阶段检查，以及发挥教师和学生的自我调节能力进行自查。为了确保高校艺术质量，高校应该不断地对比教育质量的现状和标准，以便及时发现问题并采取有效措施，以确保质量达到最佳水平。在完成对学校艺术教学质量

---

① 李金福. 艺术教育管理学［M］. 昆明：云南大学出版社，2004.

的检查和分析后，对影响教学质量的因素进行调控、干预。对有利于艺术教学质量提高的经验进行及时的总结和推广，对于不利于艺术教学质量提高的因素进行限制和排除。

四、完善高校公共艺术教育的管理机制，以促进其发展和提升

（一）政府部门要给高校艺术教育以充分的组织保障和制度保障

政府部门应该加强对美育的科学研究，并重视改进高等学校美育管理制度。为了保障美育的发展，国家教育行政部门应该制定具体、明确的政策和法规，并提出可操作的要求，以便在实践中得到遵循。为了促进艺术教育的长远发展，国家教育部门应该制定合理的规划，明确各级教育行政机构的职责和权限，并要求高校建立独立的艺术教育机构，在学校中占据重要地位，确保其在人力、物力、财力等方面的管理权，为高校的艺术教育提供有效的组织保障。只有在各级政府部门的共同努力下，高校艺术教育才能更加规范和合理。

（二）制定符合实际情况的高校艺术教育管理评估体系

评价是优化艺术教育管理的关键手段，是科学管理的基础。缺乏评价，管理将变得盲目无助，难以取得实际效果。建立有效的监督机制，可以提高校领导对艺术教学的重视程度。

为了更好地管理高校美术教学，国家教育部门应该建立一个评价体系，并制定相应的标准和权重系数。这个评价体系应该重点关注人力资本、监督机制、工作和物质资源四大主要方面。在评价人力资本时，首先应该考虑管理人员的工作效率，包括能否拥有高素质的专门教师。其次提升高校领导对美育的重视程度也至关重要，因此，建立一套完整的美育制度，并对其相关部门进行定期评估，将有助于促进高校美育的发展。在评价监督机制时，应重点关注管理机构是否能实现其设定的目标，是否建立了完善的组织架构和制度，以及运行机制是否能有序运转。艺术教育的总体管理是评价的重点，应对不同的机构予以全面评价。艺术教育的成效受到高校设备条件的限制，因此，国家教育部门需要对高校的财力和物力开展考评。

为了保证考评的公正性和客观性，教育部门应该组织评估人员开展培训，并对他们做出科学的评定。最后，教育部门应该汇总考评结果，并对考评差异加以调节，以便得出有效的反馈。

（三）重新设计激励机制，以提高管理人员的积极性和工作效率

高校艺术教育水平的提高，关键在于能否拥有高水平的管理队伍。而管理者水平的提高又取决于能否发挥管理者的主观能动性。管理者的主观能动性需要被科学的方法激励，而一定的奖励、表彰和批评能激励管理者产生进取心和克服困难的勇气，对落实国家出台的有关高校艺术教育政策有一定的促进作用。

第六章　信息时代高校教育管理与艺术教育的创新探索

第一节　网络与新媒体对高校教育管理与艺术教育的挑战与机遇

一、网络与新媒体技术给高校带来的新情况

（一）网络与新媒体技术带来海量信息

网络是一个丰富多彩的世界，汇聚了各种资讯和文化。它具有海量的保存、丰富多彩的资料、方便的搜索、高速的传送、跨时间的连接和较高的开放性等优势，使高校师生可以全方位地掌握国内外的新闻、经济社会变化动态情况、风俗习惯、社会文化审美艺术和人文景观等。通过网络，高校师生可以获得丰富多彩的信息，为他们提供更好的学习和工作环境。通过接触各种思想、观念和生活方式，高校师生可以获得更多的知识和见解。网络传播的开放性使跨越国界、地域的社会制度和意识形态的限制变得更加容易，它将世界各地的人们联系在一起，使文化、宗教、思想观念以及生活方式等方面的差异变得前所未有。随着网络技术的普及，各地发生的事情都能在瞬息之间传遍全世界。大多数网络新媒体的门户网站提供了多种板块，包含新闻、军事、运动、财经、车辆、地产、技术、文娱、活动等，每个板块都有大量的内容可供选择，为高校师生提供了更多的信息，让他们能更好地了解世界，拓宽视野，把目光投向更广阔的空间。

当今知识更新的速度越来越快，高校师生所用教科书越发显得陈旧。互联网的最大优势就是将最新的知识、最新的科技动态、最全面的信息迅速集中，并同步、快捷地传递到全世界。这种学术资源的共享是网络时代

最伟大的进步之一，促进了高校师生不断进行知识的更新。由于互联网技术的发展，信息传播方式变得更多样和更便捷，但是社会对网络媒体的监管仍然落后于时代的发展。

（二）网络新媒体智能电子设备广泛普及

随着科学技术的蓬勃发展，互联网服务器的种类和价格也在提高，电话、平台计算机、笔记本计算机等已经成为本科生入校的必备设备，为他们提供了更加便捷的网络体验。科技迅猛发展，网络设备也由以前的微型电脑演化到只需要一部智能手机即可。随着科技的发展，高校大学生自身配备电子设备已成为一种社会进步和生活水平提高的重要表现。电子设备为大学生的学习和日常生活提供了许多方便，但不能忽略的是，这种电子设备的存在将使网络的连接变得更为便捷，高校大学生太多地裸露在网络自然环境中，会对他们的人生观、价值理念形成深刻的负面影响，给他们的成长带来新的挑战。

（三）新媒体技术带来全新的感官刺激

新媒体技术在网络中的应用已经超越了传统媒体，它将文字、图片、声音、音乐和动画等信息处理技术结合在一起，为人们带来了前所未有的感官刺激。例如，虚拟环境可以提高人们的感知和反应能力，使其超越真实环境。许多虚拟实体游戏会设计出一个充满挑战、紧张和刺激的环境，让玩家必须全神贯注，充分发挥自身潜能，否则，"敌人"将会以失败告终，被虚拟世界击败。因此，虚拟环境和程序对人类能力和素质的培养和提升有着巨大的潜力，这是人们无法想象的。

二、网络与新媒体技术给高校教育管理工作带来的负面效应

（一）网络与新媒体技术对大学生的负面影响

1. 大学生的思想道德素质遭到了严重影响，这是必然的

网络是一个充满神秘色彩的空间，虚拟性和交互性是它的显著特征。这种自由的环境使得中国传统的道德遭到了巨大的冲击，而虚拟世界又使中国传统的法律和道德规范难以适应，更不用说大学生的行为规范了。这

就导致了一些道德意志薄弱的大学生在网络中迷失了方向，甚至出现了行为失范的情况。此外，虚拟世界的丰富性和开放性也使网上传播的虚假、庸俗的垃圾信息变得更加普遍，这也给人们带来了极大的不安全感，从而影响了人们的道德和行为准则。西方的道德观点可能会对大学生的世界观、人生观和价值观造成不良影响。

2. 网络对大学生学习能力的负面影响

由于互联网的蓬勃发展，大学生可以通过新的渠道求学，但也导致了"快餐式"的网络文化的普及，使他们在遇到问题时往往只能依赖于互联网来寻求解答，而忽略了对基础知识的系统学习和全面掌握，缺少积极思考，这种求知模式不利于培育学生的求学意愿。

3. 网络对大学生身心素质的负面影响

随着互联网的普及，许多大学生沉迷其中，缺乏与实际世界之间的实时沟通，这种情况势必会严重影响他们的交际方法，使他们渐渐脱离现实世界，变得孤僻、冷漠，与其他人的关系疏淡，社交力量降低，从而形成紧张、抑郁和苦闷等恶劣心境，甚至可能造成虚幻与真实中间的性格分化。大学生网络成瘾是一种常见的现象，它会促使大学生沉迷于网络而无法自拔。这些成瘾通常包括网上社交、游戏和色情等方面。特别是，网络游戏可以满足一些大学生自身的心理需求，但也可能促使他们逃学或厌学。学生无法抑制上网的欲望，心理和性格发生了巨大的变化，上网时精神振奋，而下网后情绪低落、焦虑不安、易怒。因此，高校大学生应该注意自己的行为，避免沉迷于网络，并保持良好的学习和生活规律。

（二）网络与新媒体技术对大学生有着正面作用

1. 提高大学生的社会适应能力

大学生应该努力融入社会，以满足社会的需求，并在社区中发挥自身的作用。然而，在现实的校园生活中，他们的人物往往单一，而"练兵场"则为他们提供了一个多样化的人物实践平台，让他们能更好地发挥自身的潜能。透过"介入"和"窗户"的网络活动，大学生不仅可以更为贴近生活，而且可以透过角色扮演来体验人物的需求和情感，深入了解社会和人群的标准，满足社区和人群对他们的期待，学会承担各种各样的社会角色，并利用网络群体成员之间的交流，检测自身的角色扮演才能，从而提升驾驭各类社会角色尺度的能力和社会适应能力。

2. 提高大学生的交际素质

随着网络空间的普及，大学生可以在更广阔的范围内进行交流，并且可以根据自身的兴趣和需求选择不同的交往对象。这种交流方式不再局限于血缘、地域或职业，而是可以跨越权力、地位、职业和利益的界限，拓展人际交往的范围。网络文化的互动和平等性促使大学生可以更加自由地发表自己的观点，并且可以从不同的角度思考，从而更好地理解事物，形成自己独特的见解。这不仅可以拓宽他们的眼界，也可以提高他们的综合分析能力，从而更好地认识自己。

3. 提高大学生的创新素质

网络文化的平等性为大学生提供了一个自由表达想法和观点的公共空间，使他们可以充分发挥自己的创造力。此外，网络文化的多样性和资源共享性也为大学生提供了更多的经验和资源来支撑他们的思考和行动。通过多元的互联网文化交流和碰撞，大学生可以更好地探索未知的世界，焕发出更多的思考火花。网络思维方式的交互性使得不同的思维主体可以通过网络进行数据交流和情感交流，从而引发更多的创新性思考，提升思考的创造力。互联网是一个充满创新精神的世界，它不是束缚思想的枷锁，在这样开放自主的空间里，高校赞赏技术创新，创造了一种有利于提高创新素质的良好氛围和条件。这些条件激活了学生的创新思想，培养和提升了他们的创新能力。

4. 提高大学生的人格素质

在人格形成的过程中，个体的主体性至关重要。大学生应该积极参与网络文化活动，表现自己独特的个性，这有助于培养他们的主体性。然而，由于网络环境的隐蔽性，大学生很少会认真思考自己的观点是否正确或措辞是否严谨。他们珍视的是在网络文化中可以自由表达自己思想的机会，而不必受到传统、正统的束缚。网络文化的有效性使个人的表达得到满足，但也使多元主体的喧嚣压倒了个人的表达，因此要想让自身的表达得到认同，就需要依托于网络文化的集群性。通过这种张力，大学生不仅能更好地维护和强化自身的主体性，而且能更好地培养和强化他们的集体意识。当面对全球性的网络文化时，大学生的全球视野、民族认同感以及爱国主义精神也得到了提升。随着视野的不断扩大，人们开始关注全球性问题，并从国际角度分析提问。在这样的背景下，种族和各国之间的差异和分歧变得更加突出，人们的种族和国家意识也得到了激发。在网络文化中，大学生不仅展现出个人的独特性，还表现出对民族和国家的责任感。

5．推动大学生的思维方式转变

网络文化的时空特性和超文本阅读方式，为大学生提供了一个全新的视角，改变了他们接受文化信息的方法，促进了他们思考方法的多样化，从单一的视角转换为立体的视角，从直线性的思考转换为非线性的思考，从静止的思考转换为跳跃式的思考，从收敛型转换为发散型。通过利用网络文化发展中的多媒体特征，能实现形体、生动活泼、可视化的教学方式，跨越时空的局限，将被认识的事物以仿真、模拟、表象化和实际化的手段，以图文并茂的形式，生动活泼地展现开来，让学习者更加深入地理解和掌握知识。通过这种模式，大学生的思维能力得到了提升，从抽象转向具体和表象化。

（三）网络语言对当代大学生的影响①

1．网络语言的含义与特性

语言是一种社会现象，是社会发展的一面镜子，能折射出社会变化的各种现象。社会的发展进步推动着语言的发展。为了适应快节奏的现代社会生活，网络语言应运而生并不断发展着。网络语言作为反映时代前沿和变革的社会文化，正是适应了快节奏的社会而产生的，并由于其创新、简约、生动、快捷、娱乐等特点受到广大网民的喜爱，得以快速发展。网络语言的产生，起初主要是"网虫"们为了提高网上聊天的效率或某种特定的需要而采取的方式，久而久之就形成特定语言了。网络语言是伴随着网络的发展而兴起的一种有别于规范现代汉语的语言形式，因其简洁生动的形式受到了广大网民的偏爱并得到广泛传播。

①汪一丁，雷春香．从文化自觉视角看网络语言对大学生的影响力［J］．语文建设，2013（4）：45-46．

网络语言有广义和狭义之分：广义的网络语言指与网民、网络有关的特别用语、专业术语和网络聊天语，如"论坛""平台""个人主页""黑客""附件""服务器"等；狭义的网络语言指网民在网络社区中进行交际时用的新生语言，如"PLMM"（漂亮美眉）、"BTW"（by the way）、"9494"（就是就是）、"酱紫"（这样子）等。也有人将广义的网络语言再分为两类，刘金、曾绪的《模因论视觉下网络语言的变异现象分析》中提到网络语言大体上分为三类：第一、第二类为广义的网络语言，包括与计算机及网络有关的专业术语和与网络文化现象有关的特别用语；第三类为狭义的网络语言，本书作者所指即此。

狭义的网络语言与我们使用的现代汉语有很大不同，它们随性、简洁、创新、娱乐、发展，丰富多彩；有谐音、缩写、引申、混杂，形式多种多样。有些网民为了便捷，不想在英汉输入法之间切换，便用数字代替汉字，如"886"表示"拜拜咯"，"GG"表示"哥哥"，"JJ"表示"姐姐"，"520"表示"我爱你"；有些网民为了给高压力和快节奏的生活创造一些轻松气氛，便使用娱乐性的网络语言，如"水能载舟，亦能煮粥""喝醉了我谁也不服，我就扶墙""就像一只趴在玻璃上的苍蝇，前途光明，出路没有"；有些网民还用符号、数字、拼音、文字等混合搭配，形成一种非常有新意的网络语言，如"b4"表示"before"，"3Q"表示"谢谢你"，"$_$"表示"见钱眼开"，"××控"表示"极度喜欢什么的人"，等等。

2. 网络语言在大学生中流行的原因

网络语言在大学生中广泛流行的原因主要是与网络的流行、网络语言自身的特点及大学生的心理有关。

（1）由于网络的流行

自 1994 年互联网正式进入我国，迄今已近 30 年。网络因其灵活、快捷、方便的通信方式，是继报刊、广播、电视之后人类社会又一重要的信息传播媒体，正以它独特的无穷魅力引领人们进入数字化、经济化生活，成为未来信息社会生活的新时尚。网络语言正是伴随着网络的飞速发展及网民的不断增长而广泛流行且迅速发展的，并对人们的语言生活产生越来越大的影响。

（2）因为网络语言自身的特点

网络语言的产生、普及、流行，是由其自身的特点决定的。其一，网络语言形式简单、形象、生动、直观，让人一目了然，且受众广泛、传播范围广、速度快、易接受；其二，网络语言幽默、新奇。网络语言符合大学生新潮、不拘泥于传统、爱耍个性的心理，通过大学生的创造，也赋予网络语言活泼幽默、时尚新潮的特点；其三，大学生使用网络语言来讨论网络热门事件，通过讽刺、愤慨、宣泄来表达大学生对社会负面事件的情感诉求。

（3）缘于大学生的心理

青年大学生是一个充满活力和乐于接受新鲜事物的群体，他们在上网的过程中，个人主观意识上认为网络语言传输要点是速度快、形象生动，即使是同音字、近音字、错别字，甚至是很奇怪的文字也不影响网上交流沟通。这样的行为既节省时间，又利于沟通，还体现出个性，满足了大学生喜欢新奇事物的心态。因此，网络语言正是符合了大学生的心理而得以在大学生群体中广泛流行。

3. 了解当代大学生使用网络语言状况的理论和实践意义

当代大学生群体既是网络语言的积极使用者、传播者，又是网络语言的创造者。网络语言对大学生群体的影响是最大的，不断地塑造着他们的语言文化心态。大学生处于人生的一个重要阶段，是人追求理想、知识、形成成熟的自我价值观和世界观的重要阶段，网络语言对这个群体的成长有着非常重要的影响。网络上冒出的新词汇主要取决于它自身的生命力，如果那些充满活力的网络语言能经得起时间的考验，约定俗成后我们就可以接受。从模因论角度来说，模因的存亡取决于功能，当词语作为模因得到广泛应用，在交际中发挥其积极作用时，这些模因就变得强大，并被不断复制和传播，成为"成功的模因"；反之，则为"失败的模因"，得不到复制和传播，从而消失。网络语言可以弥补传统语言在网络交流中的缺陷，具备着传统语言不具备的个性化、生动风趣、人情味浓、语言幽默等特点。同时，网络语言也为现代汉语的发展注入了新的元素，网络语言中一部分新鲜的、有生命力的词，符合时代和社会发展的要求。

4. 使用网络语言对当代大学生产生的负面影响

首先，网络语言的广泛使用不仅破坏了中国汉字和汉语原有的构成体系，还会造成汉字学习和使用的较大混乱，极大地削弱了汉字的生命价值，给使用者植入一些杂乱的、无价值的、以后难以清除的谬误基因，对大学生正确使用汉字造成极大的负面影响。网络语言中错字、别字、怪字，层出不穷，表达形式稀奇古怪，如不加以限制和规范，一旦使用网络语言成习惯后，很难纠正，影响大学生正确使用汉语，甚至影响学习、生活和毕业后的就业、工作。如"呆呆：把两个'呆'硬凑到一起表示很天真、很傻的意思，而'呆呆'在古汉语里基本字义同'梅'"，还有"'所谓大学'管理监狱化，素质流氓化，Kiss 公开化，消费白领化，上课梦境化，逃课普遍化，寝室网吧化，补考专业化，学费贵族化，论文百度化，近视全面化，食堂饲料化，求职梦想化，毕业失业化，就业民工化"。其次，影响大学生之间、大学生与其他人之间的正常交流，使处于不同"小文化环境"的人之间沟通存在障碍，从而形成代沟。如把"同学"写成"童鞋"，"贾君鹏，你妈妈喊你回家吃饭""关我 × 事，我是出来打酱油的"等。最后，不文明的网络语言影响大学生素养的提高。一些不文明的网络语言与现实的道德规范教育相悖，对大学生的思想道德素养造成不良影响。如"在马路边捡到一分钱，这要上交给 Police 叔叔手里边，这是原则。但捡到十块钱，这已经超出了原则的范围了"，还有"屌丝"等粗俗、不文明的网络语言。因此，引导和规范大学生网络语言的使用迫在眉睫。

5. 使用网络语言对当代大学生产生的积极影响

（1）有助于激发当代大学生的政治意识

网络语言内容丰富、形式新颖，它以别样的视角呈现并应对无限变化的周围环境，使当代大学生在信息发达的时代不再处于"隔绝"状态，而是在繁重的学习之余，通过新媒体在任何时候、任何地方获取知识和信息，并积极参与社会方方面面的建设和评价，尤其是如今处于微时代，在不断地交流和表达思想的过程中，不断发挥着公民角色的作用，更具有责任意识和政治意识。如网络成语新解"度日如年"特指"当官的日子，非常好过，每天像过年一样"，还有"百年修得同船渡，千年修得当副处""到底休假，还是治疗"，等等。调查显示，大学生对有关社会热点事件的网络语言最感兴趣。网络语言的使用，有助于大学生更加准确地了解和传播社会热点问题。

（2）有助于激发当代大学生的创新意识

网络语言充分发挥了大学生的创新和创造力，提高了他们的学习认知能力。大学生在使用网络语言时可以充分发挥其丰富的创造力和想象力，不断推动网络语言的更新换代。网络语言帮助大学生更新理念，提高学习认知能力。新媒体促进了教育主客体的沟通与交流，实现了教育由单项被动式向多向互动式的转变。网络语言的出现和使用是创造力的一种表现，生动、有趣、富有创意的网络语言能使枯燥乏味瞬间变得时尚活泼。在高速发展的信息时代，网络语言对大学生具有非常大的吸引力和影响力。它促进了学生对书本以外新知识的渴求。"当代大学生在网络上最大限度地发挥自己的想象力和创造性，突破原有书写符号的局限性，追求新鲜感"，如"'90后'的你有着一颗'80后'的心和一张'70后'的脸""广告看得好好的，突然蹦出个电视剧""真爱就像UFO，都只是听说过，但没人见过"等。

（3）有助于激发当代大学生的个性意识

网络语言在大学生个性签名、网上聊天、留言及微博中经常被使用，是否选择以及选择何种网络语言甚至在一定程度上成为是否"时尚"的标尺。"我一再强调做人要低调，可你们非要给我掌声和尖叫""最美的不是下雨天，是曾与你躲过雨的屋檐"，网络语言充分激发了当代大学生的个性意识，已成为彰显个性的途径之一。网络语言符合大学生喜爱新奇事物、追求新潮的心理特点。大学生在网络生活中使用网络语言，丰富了他们的精神文化世界，也活跃了枯燥的学习生活，提高了他们的学习兴趣。

（4）有助于发展当代大学生的人文精神

网络语言为大学生的语言使用环境注入了新的元素。大学生正确使用网络语言，可以为他们的语言使用环境注入新的流行元素，也为大学生提供一种新型的、人性化的交流方式，发挥网络语言在文化建设中的作用。同时，网络语言适当满足大学生对社会负面事件的宣泄心理。大学生通过积极参与社会方方面面的评价和建设，在不断交流和表达观点的过程中，人文精神得到了更好释放，使大学生更具有责任感和自律性。

6. 高校应对网络语言对大学生影响的策略

高校是大学生生活、学习、工作的高等学府，是传播知识、传承文化、科学研究的场所。正确引导和规范大学生使用网络语言，帮助大学生提高网络素养、树立正确的人生观和价值观、加强和谐校园文化建设、推动高校人文素质教育，是高校和教育工作者不可推卸的责任和义务。

（1）建立大学生使用网络语言的规范体系

网络语言的产生和发展有其自发性和即兴性，是不规范的语言系统，对语言的运用也有一定的局限性。网络语言的使用确实在一定程度上丰富了传统语言的表现形式，扩大了词汇的内涵，但造成了现实生活中网络语言的乱用、滥用，破坏了传统语言的使用环境，错字、别字泛滥成灾，严重挑战了传统语言规范，造成了语言使用的混乱。加强大学生使用网络语言的规范管理，使其表述更具科学性和正面性，尽可能规避因不正确使用网络语言对大学生的学习、生活、心理造成的消极影响。

（2）重视校园网的建设及大学生的思政教育

校园网作为大学生在校园中生活、学习的主要网络平台，高校应大力支持校园网的建设。提高校园网的学术性、娱乐性、时事性，贴合大学生的思想动态和心理需求，使校园网络文化成为大学生学习、生活信息的重要来源，可加强校园网络的感染力、吸引力及影响力。高校应以校园网作为大学生思政教育的主要平台，加强大学生人生观、价值观及社会主义理想信念的教育。

（3）提高大学生的网络素养及道德法制观念

高校要加强大学生的网络素养，提高大学生对网络信息和网络语言的辨别分析能力，加强他们网络生活的自制能力。以社会主义荣辱观和日常生活中的规范制度加以引导，培养学生建立起社会主义核心价值观，防止西方社会的意识形态灌输和文化渗透。加强大学生的道德法制观念，引导学生规避网络上的有悖于道德甚至违法的内容，帮助大学生形成良好的网络语言使用习惯，使网络语言成为大学生交流沟通的健康渠道，成为高校校园文化生活的重要组成内容。

（4）完善校园网络监管机制

针对网络语言是依赖网络而存在的特性，做好校园网络的技术、安全管理，实施严格的网络监管机制。要准确掌握学生的思想动态，及时更新社会动态，了解学生关注的热点事件，针对学生的负面情绪给予网络引导和沟通。

（5）加强和谐校园文化建设构建

和谐校园文化既是时代赋予高等院校的神圣职责，又是培养社会主义合格人才的客观要求。校园文化建设作为高校思想政治工作的有效载体，当今高等院校在承担人才培养、科学研究和社会服务三大任务的同时，其引领文化的作用日趋明显。网络文化作为校园文化的重要组成部分，高校要充分利用好信息化时代的特点，发展先进的网络文化，让网络成为高校和谐校园文化培育的新渠道，成为思想文化领域的新阵地，帮助大学生自觉抵制不良网络内容的诱惑，教育学生塑造良好的网络人格。对于网络语言对大学生的影响力，要辩证、理性地看待，以发展、动态的眼光去研究，要采取谨慎、宽容的态度去对待。

网络语言已经对大学生的学习、生活、工作产生了潜移默化的影响，既丰富了校园文化，又为高校思政教育提供了新的机遇和挑战。作为高校，一方面应给予大学生创造空间去消化、斟酌网络语言的使用范围和程度；另一方面要善于引导和帮助大学生树立正确的人生观与价值观，避免网络语言的不正确使用给大学生的成长造成不良影响。同时，要充分发挥校园文化建设的积极作用，提高大学生的网络素养、营造和谐的校园文化环境、推动高校人文素质教育发展。

三、网络与新媒体对高校教育管理与艺术教育的机遇

（一）网络对高校教育管理的机遇

网络在高校教学、科研和管理工作中发挥着重要作用，它不仅推动了高等教育改革，而且为教育管理提供了前所未有的机遇。具体体现在以下方面。

1. 促进学生管理工作空间的扩大

由于学时制和选课制的普及，大学生对班级管理的认知日益模糊，这给传统的班集体管理带来了新的挑战。计算机网络技术的出现为学生管理提供了一个全新的视角，拓宽了管理的范围，增强了管理效果。网络平台技术使时间界限被突破，为学校、家庭和社会创造了更多的教学机遇，使学生管理工作变得更加全面信息化、网络平台全面覆盖。网络平台作为一个重要的渠道，能帮助高校学生管理者更多地掌握学生的思想动态，并通过网络讨论、专题讲座等形式，有针对性地引导学生掌握正确的思想观念和理想信念，进而提高学生管理工作的效率和质量。

2. 促进教育管理工作手段的拓展

网络技术为高校教育管理提供了新的渠道和手段，使教育管理更有针对性和实效性。它可以创造一种轻松愉悦的氛围，将多种信息形式，如文本、语音、图片、视讯、音乐和动漫等有机结合起来，使师生能从多个角度感知信息，体验更加深刻和全面，从而达到最佳的教育管理效果。

网络技术为学生提供了多种交流渠道，如电子邮件、校园论坛和微信群等。这些平台有助于缓解学生的学习和工作压力，提高学生参与高校教育管理的意愿，促进教师、学生和其他工作人员之间的沟通，实现平等交流。高校教育管理工作的领导者可以通过及时有效的反馈机制，获取最新的信息，从而确保高校教育管理工作的有效实施和高质量完成。

3. 促进教育管理工作效率的提升

利用网络技术，高校可以大大提高高校教育管理工作的速度和时效性。通过校园网、电子邮件和微信群等平台，高校可以及时发布重要信息，如会议通知、校园文件和校园活动，并快速收集各类材料，打破时间和空间限制，实现资源共享。为了更好地满足高校教育管理工作的需求，高校建立了一个完善的管理信息系统，将传统的手工操作转变为网络操作，将学生个体作业和管理考核有机结合，大大提升了学校管理工作的效能，节约了大量的人力、物力，使高校学生管理工作者能更加轻松地完成日常任务，并且能更加专注于工作思路的制定，从而进一步提升学生管理工作的水平。

（二）新媒体对艺术教育的机遇

由于信息技术的快速发展，媒体已经成为一种具备广泛性传播、交互式、便捷性特点和多样呈现形式的重要工具。在新媒体环境下，大学生对作品的鉴赏和了解不再局限于书本和教材，他们能通过网络搜索引擎快速获得资源内容，提出问题并获得各种角度的回答，分享作品以获得认可或批判，从而使他们获得专业知识的渠道变得更为广阔。由于媒体的快速发展，教师不再是教学的唯一中心，而是引导者。通过网络，他们能实时分享艺术体验，并且能在任何地方完成教学和感受，或者能组建各种各样的群落，对影视、歌曲、绘画等作品或故事做出剖析和评价。这样超越地域、班级和专业的沟通，使教学的方式变得更为灵活，更为多样化，更富有吸引力，更能满足学生的需求，从而推动教育的蓬勃发展。通过网络，公共艺术教育能在学生的校园和社会生活中获得广泛的传播。

由于互联网和智能手机的飞速发展，在新媒体环境下，一系列富有美术感受和创造性的软件被广泛应用，学生能透过这些软件获取各种美术感受，从而脱离了以往特殊场地和设备的限制，为大学生提供了更多学习艺术的机会。

新媒体存在的形式也在不断地发生变化，从以前的传统媒体，如报纸、书籍、期刊、电子书，到现在的微博、微信公众号、App甚至自媒体的发展，都在不断变化，进而信息接触的方式和学习方法也会发生变化。当移动端占用人类太多的时间时，只能引导在移动端提供用户更为关注的领域。艺术领域趋向也是提供多元化的艺术信息和艺术平台，增强艺术领域人群的互动和交流。

传统媒体教学方式，如图文、声像等，在信息内容传播中存在单方面传递的问题，学习者对信息内容的接受能力受到限制，教师需要以人为本地进行评价和回应，这可能会导致产出比失调，从而影响高校大学生公共艺术教育的成效。高校通识教育没有固定的评估学生学习效果的办法，大部分的作业很难判断学生接受知识的多少，也很难体现学生对知识的理解和对艺术创造的实践能力。

大学生在传统的艺术教育过程中，常常面临时间、空间、硬件设施等诸多因素的制约，对艺术课程的学习大多停留在知识理论层面。传统媒体方式的艺术体验单一乏味，学生很难参与到创作和表达中去，这使艺术教学无法深入学生的思维和感悟层面。因此，高校需要寻找更多的方法来提升学生的艺术素养。互动体验是艺术教育锻炼学生动手能力和教学对象参与的重要方式，这也是传统的教学方式的短板。搭建互动体验的平台可以增加学生对艺术的感悟感知能力。

许多高校在大学生美术教育上存在诸多问题，其中最突出的是生源短缺、课程单调、硬件投入不够，这使学生无法获得多样化的选修课程，而且有些教师在自己专业方向或许有所特长，但在专业外或互补专业的美术教育业务工作方面无法发挥作用。在对新媒体的接受度普遍高于传统媒体教育教学方式的情况下，拓展新媒体教育实施，开发新媒体教育教学应用，是符合这个时代高校艺术教育的主流方式的。对基于传统媒体的数据实现与新媒体的资源共建，对于搭建一体化资源共享有着重要的作用。

第二节　大数据对高校教育管理信息化的创新研究

随着信息时代的来临，新媒体如数据终端、云业务、微博、微信等的崛起，信息数据的增长速度也在不断加快，信息已经变成一种重要的生产要素。在教育界，互联网不仅能提升IT水平，还能推动教育管理方法和理念的创新，从而更好地满足教育发展的需求。

一、大数据技术应用于高校教育管理的应用概况

高校的核心使命是培养能适应社会发展需求的人才，因此，学校的教学、教师、科研和管理都应该紧密结合这一目标。然而，传统的教育模式往往忽略了学生个性的发展，只注重教师的教学方法和知识传授。国内高校之间存在巨大差异，学生和教师数量不平衡。通过采用先进的课堂教学模式，教师能更加全面、深入地掌握学生的学习情况。

随着互联网技术的发展，大数据技术在高等教育管理中的运用也已取得了巨大的成功。"教育管理在信息技术的快速发展及推动下，数据增容信息传递大幅提升。随着科技进步、时代发展，传统高校的教育管理模式正在发生趋势性的变化，需要结合大数据技术的优势更新教育理念和方法。大数据为教育管理工作提供了高效、全面、准确、科学的助推。"① 美国教育部通过对大数据分析的挖掘和分析研究，认为教师能更加全面地了解学生的学习情况，并能根据这些信息制定出最优化的方法和教学秩序，从而及时发现难题并采取有效的干预措施，为他们创造多样化的学习服务。学校管理决策主要是运用大数据技术，这种信息技术不仅能鼓励和支持决策，而且能帮助企业发掘内在性能数据，并将其与相关规则结合起来，从而为管理决策提供科学的指导。

（一）服务对象

为了更好地服务教师，大学需要建设一个完善的数据挖掘管理中心，以减少数据"信息孤岛"效应。同时，建设统一的数据中心，并进一步健康发展信息共享机制，是推动信息化快速健康发展的关键。此外，高校还应当不断注重教师的日常学习、党内日常生活和校内有关部门的管理工作，以便更好地把握统计信息技术发展趋势，为高校制订更为科学、合理、准确的信息管理政策措施提供依据。

（二）校园环境

随着科技的发展，高校正在强力推动校内互联网信息化工程，构筑起多种认知端口，实施物联网。比如，图书馆借阅系统、校内门禁系统和校园一卡通终端数据能为大学生创造更加便利的环境，更好地服务于高校的教育教学工作。通过观察和分析数据的变化趋势，高校能很好地理解整体发展的规律。

（三）数据仓库

大数据时代，大部分数据事先不确定。数据仓库能更好地处理和分析

---

① 汲金励. 大数据背景下高校教育管理信息化建设探索［J］. 中国管理信息化，2020（23）：232–233.

数据，以适应时代的需要。

（四）云计算

云计算技术的出现，使负载均衡、虚拟机化、分布式运算和互联网储存等方法得以有效地应用于大数据和运算，同时为数据安全提供了更加可靠的保障。

二、基于大数据创新高校教育管理信息化的难点所在

（一）高校教育管理需要应对的难关

1. 教育管理信息缺乏实证性

由于互联网的发展，海量且易得的数据使许多人不再热衷于调查，而一些高校教育管理者为了节省时间和精力，更是直接从互联网上下载其他机构的规章制度，这种情况在当今高校教育管理中已经司空见惯。在互联网知识有限的情况下，"何时、何地、何事"和"硬性信息"只能提供结论，但如果没有提供思考和解决问题的方式，就不足以实现高校自身的需求。如果互联网无法与现实相呼应，那么它只能是一种单调乏味的应用。随着现代信息技术的发展，将网络信息与实践紧密联系已变成教育管理中不可或缺的环节。

2. 保护信息安全和保密是教育管理中的重要挑战

随着现代信息技术的发展，教育管理信息的组成也发生了巨大变化。教师、学生、课程、学籍、教材、教学、教学网站等个人信息都可以通过信息系统进行存储和传输，但是由于个人信息系统的开放性和互动性，在复杂的程序下，个人信息极易被随意提取、拷贝和拦截，进而导致信息泄露，存在安全隐患。尽管建立了访问权限，但是仍有可能存在一些机密信息被非法窃取或篡改的风险。计算机病毒的威胁对教学系统而言是非常危险的，如果系统崩溃，那么学校内部的教学将无法正常运行，这将导致巨大的损失。

3. 教育管理信息的零散及不对称问题

随着信息时代的发展，人类获取的信息量越来越多，但是由于信息量

有限，这也成为一个阻碍。电子媒介可以将文化浓缩，但是伴随而来的文化破碎化成为一个阻碍。如今，人们可以在短时间内轻松获取信息，这得益于IT的不断发展和处理能力的提升。教育管理人员面临着大量复杂的信息，这些信息可能会导致混乱，尤其是当它们模糊不清时，就像是混淆视听的信息一样，这会使他们在做出决策时变得困难。此外，这些信息在传播过程中也会导致新信息的匮乏。

詹姆斯·莫里斯和威廉·维克瑞于1996年创立了"消息不对称性"学说。这一学说认为，由于参与者对消息的理解和掌握存在差异，双方拥有的信息不对等，从而引发了不对称信息下的买卖联系和合约选择。这一学说也被应用于市场经济分析中。通过信息不对称理论，高校能从新的角度探索教育。随着信息时代的到来，高校的内部关系也发生了巨大的变化，学生之间、教师之间、师生之间以及教职工之间的交流和互动都存在着信息不对称的现象，尤其是在教育管理方面。在教学和管理中，互联网信息化建设对学习者和教师的需求是截然不同的，尤其是对计算机专业技能的需求更是如此。然而，仅仅依靠网站信息发布很难保证教育的公平性，因为这种方式忽略了学习者的实际需求，从而导致教育效果不尽如人意。在收集学生网上反馈时，教师可能会过于严格，这可能会导致学生对教学质量的评价受到多种原因的干扰，从而变得随意。如果教师只依靠学生的反馈来评价教学，这可能不利于培养优秀的教师，并且会让一些不负责任的教师更加放纵自己，从而使教学质量评价失去了实际意义。

4. 教育管理人员的素质水平可能会受到影响，导致整体素质下降

随着计算机与互联网技术的发展，垄断信息来源和程序等形式已经成为一种常态。这种做法不仅使信息变得更加系统化、规范化和程序化，而且也使人们可以更加轻松地做出决策，避免了行为的僵化和呆板。如果管理者过度依赖IT，他们就会失去独立思考问题的能力，并且可能会偏离实际情况。这种行为会对教育管理者的综合素质造成不利影响。

（二）高校教育管理信息化过程中产生的问题

1. 管理观念和体制滞后问题

多年来，高校教育管理信息化的实施取得了显著的成效，但是由于大

多数高校还是将精力投放到主体建设和硬件网络平台上，而忽视了高效率和现代化的教育管理理念，使得教育管理理论和概念滞后于发展，模式也未能跟上信息时代的脚步。大学决策部门的作用不足，制度缺失，缺乏专门的职能人员，是造成这一现象的重要原因。

2. 没有全面深入的认识

教学信息管理在高校中受到的重视程度各不相同，存在一定问题。首先，许多高校缺乏对教学信息管理的充分了解，并且尚未建立和完善相应的规划和管理机制；其次，有些高校忽略了教学管理的核心任务，过分关注教学管理；最后，由于机构设置上的问题未能得到有效解决，缺乏相应的信息和科学的施工队伍，落后的思想无法应对复杂混乱的局面，大量的工作无法有效地运用信息技术，管理也不够完善。

3. 随着时代的发展，信息资源建设面临着巨大挑战

信息化教育的发展离不开有效的信息资源，但是我国在这方面仍然存在着一些问题。其一是缺乏有效的政府指导和协调，其二是高校之间缺乏沟通和共同努力，导致信息化教育的发展受到了限制。由于学校内部各部门之间缺乏有效的沟通协作，管理的分离导致教育管理数据共享无法得到充分实现，从而使得各部门之间出现脱节，不仅导致了不必要的行为，还大大降低了数据的准确性。此外，各部门对管理信息系统的工作安排分散，使得数据被多次采集，增加了工作负担，从而使学校整体的工作效率无法得到有效提升。人力的浪费是不可避免的。

4. 信息资源建设不够规范的问题

教育信息化的核心在于资源的研发和构建，这是实施教学管理信息化的基石。为了达成这一目标，高校需要不断探索和创新。标准化是教学信息系统中至关重要的一环。编码信息的规则应该具有实用性和直观性，并且能被广泛应用。此外，它还应该能适应当前和未来的教育管理模式。在收集数据时，应当重视数据的准确性，并采用科学的方法来获得可靠的结果。只有将IT与教育资源有机结合，才能构建出一个完善的、科学的教育管理系统。

5. 教育管理信息系统的开发问题

教学信息系统是一种很复杂的软件，它能支持和实施多学校远程控制。

这需要巨大的资金，并且具有强大的功能，但同时需要高超的技术水平，因此需要长期的开发才能实现。在软件开发过程中，需要专业的人才来完成代码编写和软件。这些人必须具备丰富的教育管理经验，而且能熟练掌握软件工程的各种技能和流程。为了更好地建设通用大学，建议选择培养和收购结合的模式，通过这种模式能大大缩短软件开发周期，降低成本，并结合学校的实际为其量身订制个性化的模式。

6. 教育管理制度的定位问题

作为一所新兴的大学，学年制教育管理体制的实施对于教师和学生来说是一个挑战，因为它需要一个逐步过渡的过程，以便让师生能更好地适应新的管理模式。

7. 教育管理队伍的建设问题

随着教学管理信息化的发展，教育管理团队的质量有了更高的标准。因此，教育管理人员应当具备深入的教育理念，拥有丰厚的管理知识，并且不断探索新的方法和思路，以满足日益增长的需求。随着网络技术的发展，教育管理信息系统也在不断改进和充实，因此，高校应该重视培养具备高素质、全面发展的教育管理人才，以满足教育管理信息系统的需求，提升教育管理水平，促进教育发展。不仅要加强硬件和软件的管理工作，还要加强实际应用能力、信息素养和信息技术知识的储备，并建立完善的管理工作规章，特别是考核制度和奖励激励体系，以促进学校的发展。只有通过科学的规范和管理，才能激励和促进管理团队的发展。

三、基于大数据背景培养高校教育管理人才

（一）大数据环境下对教育管理人员的素质要求

1. 强烈的服务意识

管理的本质就是服务。教育管理人员不应该被视为一个拥有权力的领导者，而应该成为一个为学生、教师和教学提供支持的服务者，为实现教育事业的理想而努力奋斗。

2. 掌握教育理论和专业知识

作为一名高等教育工作人员，教师必须了解高等教育、心理学、管理学和大学教育学等基本知识。这些基本知识可以帮助教师更好地理解高等教育的科学规律，并有效地实施科研指导和教育管理。高等教育管理者应该具有一定的理论，以便能及时有效地推动高等教育改革。教育管理工作需要具有专业性，以便有效地管理学校的资源。因此，需要深入了解历史和地理知识，并掌握现代计算机领域的管理技能和档案管理基本知识。由于知识结构的复杂性，高校教育管理人员在教育管理工作中必然面对更多挑战。

3. 掌握最新的信息技术并具备良好的信息素养

随着现代信息技术的飞速发展，高校必须不断更新技术，以提高管理效率，并培养出具备良好信息素养和熟练运用现代信息技术的教育管理人员。这样才能保证高校的教育质量，为学生创造更优质的教育服务。信息素养是一种综合性的能力，它包括知识、意识和道德三个方面。在高校教育管理中，这种能力体现在教育管理人员掌握各种资讯源的使用，如互联网和计算机技术。此外，他们还必须利用现代互联网信息技术，并可以实现消息搜索。为了达到这一目的，教育管理人员必须学习一些教育管理软件，并可以根据时代的需求做出相应的调整。英语是一门必不可少的学科，它可以帮助我们更好地理解互联网技术和教育国际化的发展，并能更好地应用信息搜索。为了进一步提高教学信息化管理工作的敏感度，教育管理人员应该更加关注信息内容的价值，知道大学生需求的信息内容，可以更好地提升质量，进而提升效率。在这个过程中，反馈信息尤其重要，因为它可以帮助教育管理的领导层做出更精确和完备的决策。信息教育管理人员应该深刻认识到自身信息管理意识的重要性，并在遵守法律法规的前提下，尽量减少对他人和社会的危害，有效地处理教育管理信息，以提升自身的管理能力。

4. 管理能力要比较强

在当今社会，教育体制改革正在不断深入，因此教育管理者需要具备出色的组织决策能力，以便制订出有效的教学计划，实施有效的政策举措，并结合本校的实际状况制定出科学合理的教学方案，以提高教育质量。教育科研能力是非常重要的。通过查找资料、深入探讨，可以准确把握国内各大高等院校，尤其是精英高等院校的教育现状。此外，教育管理者还应该关注世界教育改革的动向，并常常去理解教育现状。通过对高等院校教育的调查结果和科学研究，可以把握整体高等院校的变化趋势，从而搞好教育管理工作。教育管理是一门复杂的学科，它涉及教师和学生多方面的因素。为了提高教育质量和效率，教育管理者和教师必须深入探索教育管理的特点和规律，并且要勇于创新、敢于开放，培养良好的团队合作精神。教育管理应该不断变化，以适应时代的发展。

（二）全面提高教育管理团队素质的方法

1. 培养教育管理团队的方法

建立一支高素质的教育管理团队是至关重要的，因为这些团队由专业人员组成。培训教学质量管理人员可以从以下几个方面进行。一是岗前培训。新的管理者需要接受岗前培训，可以邀请资深教师和专门人员来进行培训。之后要深化知识的掌握，如心理学、管理科学教育等。另外，还可以提高信息素质，特别是计算机和网络的技术，使之可以有效使用校园网与互联网办公和学习。二是面向在职人员，坚持在职学习的原则。需要对教育管理团队成员展开专项培训和组织学习，通过理论与实践来提高教育管理的理论研究水平。作为培训学习的重点，必须提高教育管理团队成员分析、解决问题的能力和教育管理水平。采取灵活的培训模式，通过网络学习和教育管理，加强兄弟学校的联系和沟通等。三是要有意识地提高教育管理团队成员学习的意识和能力。教育管理工作者能掌握一线教学的情况，促进教师教学实际情形的发展，不断学习。

2. 提升高校教育管理团队的素质，让整体进一步发展

教育管理人员的个人素质和整体状况都是非常重要的。如果团队结构合理，人们可以互相帮助，就能促进团队的发展，增强团队凝聚力和向心力，积极主动地创造和发展，使得整个团队的作用发挥得更好。

优化教育人员的结构和组合是提升团队整体表现的关键。为此，我们应该从多个方面入手。一是合理安排年龄结构，让不同年龄段的人都能发

挥自身的优势，并利用彼此的经验来提升整体效率。二是优化教育体系中的结构，包括教育、专业和职务。在教育管理方面，各方面应该相互配合，比如，应该掌握移动通信能力，利用当代信息技术开展交流，通过团队合作来提高管理水平；在职务和学历方面，不同层级的要求是不同的，但是必须满足梯次结构的要求。三是决策、管理和具体的事务性工作分工明确、各司其职，以便形成互补关系。此外，教育管理团队成员之间的人格特质也应该相互补充，以便形成良性的合作关系。

3. 通过建立竞争和激励机制，来激励管理干部的积极性，从而提升组织的效率和绩效

责任、制度和奖惩是岗位责任制的三个核心要素，它们构成了一个有效的管理体系，以确保每个人都能按照自身的职责和能力来完成任务，并且能得到相应的回报。因此，在组建一个合适的团队时，应该根据不同的岗位和要求，给予相应的奖励和惩罚。为了确保管理人员的工作质量，需要严格考核岗位责任制，并对其技能、态度进行全面了解。通过考核，可以帮助高校教育管理的领导层发掘每个工作人员的个性和特长，并给予适当的奖励。标准化是奖惩制度的基础，它能有效地体现责任制。因此，应当制定合理的薪酬制度，以确保工作责任得到充分的体现，而不是让人感觉薪不配劳，从而影响他们的工作积极性。

为了让管理人员在一定压力下保持竞争力，高校教育管理的领导层必须将上述制度落实到每位工作人员身上。在奖惩时，也要格外注意物力和精神两个方面的内容，并且要按照各个等级加以奖赏。激励是按照个人的能力和岗位来分配的，通常来说，不同的岗位对应不同的管理工作能力，并且奖励标准也有所不同。在同一水平的情况下，激励措施应该是相同的，但是激励制度可能会对较低水平的效果产生不对称的影响。应用多元化和动态的奖惩机制，可以有效地激发人们的积极性，满足他们多样化的需要，并且在不同时期，同一个人也会有所不同，以实现更大的价值，激发更多的活力。为了激励教师和工作人员在不同的成长阶段取得进步，应该采取多种措施来实施奖励制度，如评定职称等，这些措施将有助于提高其教育管理工作的积极性。

四、基于大数据分析手段，实现高校教育管理信息化的发展道路

引入先进的管理思想，实施教育管理信息化，高校需要做的工作很多，比如，依托信息技术和大数据创新应用校园网站，创新高校教育管理体制，改革教育管理组织机构，重新划分高校教育管理权限，加强课程教学管理改革，建立科学化、规范化的教学评价体系，等等。这里重点论述以下几点内容。

（一）改进教学计划的管理方式，以提高效率和质量

为了深入推进教学改革，第一步必须制订出一份完善的教学计划。这份计划不仅要考虑到全局效益，而且要建立起一套完整的教学活动体系，确定好教学任务，开展好教学活动，以确保质量。这份教学计划应当由教育学家或相关人员根据国家相关教育部门的指导，结合实际情况，精心制订出来。教学计划符合教学规律，一段时间内稳定不变，但长远来看，也要不断及时调整和修正，能适应社会的新发展、经济和科学技术的进步。

教育管理者还要改变传统的教学观念，及时修改和调整教学计划。随着科技水平的提高和经济社会的发展，人才培养的要求也在提高。因此，高校必须充分考虑上述各种因素，制订出符合当前社会要求的教学计划。此外，大学阶段也是一个很重要的学习阶段，是终身学习的主要组成部分，而并非学业的终结。在大学阶段，学生不仅要掌握知识，而且要学会生存、共同生活、做事，还要注重培养创新能力和创造能力。此外，由于全球经济一体化的蓬勃发展，中国人才需要走向世界，在全球竞争中取得优势，中国教育也应该重视培养国际化人才。

信息化时代要求高校紧跟时代潮流，准确预测社会对人才要求的改变，培养符合国家要求的人才。要达成这一目标，高校应该充分利用信息技术，制订教学计划，并对其实时监控和及时反馈，制定对教学方案的评价标准，使高校毕业生尽量满足社会的要求。

（二）基于大数据分析手段制订教学计划

1. 教学计划应该满足的要求

客观性是至关重要的，因此应该尽可能地按照社会主义市场经济的要求，设计多种多样的人才培养模式，并且要充分考虑未来环境的变化，设计出多种智能结构。灵活性是培养学生发展潜力的重要因素，高校应该提供多种多样的模式，以适应学生的需求。具体来说，可以参考以下建议：学分制方面，可以采用完全学分制，以便学习者能够更好地发挥自身潜能；在安排课堂教学时，应该充分利用信息技术，为学习者提供更多的选择，以适应他们的学业需要；同时，应加强远距离教育，让学习者可以随时随地获取各种教学资源，不受时间限制，从而更好地实现自身的发展潜力。针对学习者的特点，我们设计出一套完善的教育计划，以培养出具备优秀素养、扎实基础和较强专业技能的人才。我们重视全面发展知识，利用网络技术拓宽视野，培养学习者持续学习的能力。不可否认的是，大学生的各种要求并不总是一致的，因此高校应该鼓励学生自由发展。

2. 制订教学计划的一般程序

社会对人才技术发展的需求日益增长，因此，高校需要进行更广泛的调查，以了解培养目标和业务类示范专业的情况。高校还需要了解有关文件精神和规范，并给出意见和部门实施的条件。为了确保教学质量，高校需要组织制订课堂教学方案，并由系（院）教育工作委员会负责审定，最后由该校教学工作委员会负责复审核查，并由行政负责人签署 ACK（Acknowledgement，确认字符）。

3. 高校教学计划的内容

这里旨在探讨如何确立合理的专业培养目标，并设置适当的课程，以适应人才培养进一步发展的需求。为此，着重研究如何确立目标，以及如何设置合理的课程，以期达到最佳的教学效果。在制定专业设置和培训目标时，我们主要采用了调查的方法。

具体来说，采取以下步骤：① 根据个人履历或理论分析，给出若干个可供选择的选项；② 发出问卷，让受访者在这些选项中考虑自身的看法或提议；③ 对问卷调查加以数据分析，根据被选中人次从多到少排列；④ 制定相应的准则，以明确哪些选题应该占据更大的比重。由于充分利用信息技术，我们能通过网络获取资讯，并利用计算机加以数据分析，从而得出有效的结果。

高校应该重点关注以下几个方面。① 对大学生的就业前景进行可靠的预测，以确保大学生能适应社会的需要，从而提升大学的就职率。② 引入更多优秀的教师，完善实验室设施和书籍，并尽可能提供充足的生活设施。③ 拓宽专业知识的视野，实现个性化的教育模式，以适应不同学生的要求。随着教育内容的不断丰富，掌握专业知识变得越发简单，实现专业知识的整合和革新却变得越发艰难，因此，高校应该重点培养学生的综合素质。④ 要结合学校的地域优势和传统优势，加强学科建设，并及时调整专业，以满足社会的需求。

在信息时代，高校应该采取更加严格的教学管理措施，以确保规划的有效执行。为此，高校可以制定两条准则：一是根据学校和每年的规划，制定详细的作业表，确定各个阶段的授课目标和授课地点；二是由高校制订教学组织方案，包括社会实践、实习、实验教学和培训等，以确保质量。为了确保规划的顺利实施，高校应该制定必要的措施，确保课程基础建设的完善，并且加强教育管理工作和教师、学生之间的配合，以确保规划的有效执行。在此过程中，高校应该重视五个方面：一是坚持规划的严谨性和权威性，并认真执行；二是在实施过程中，要严格选择教学材料，并要符合教学大纲的要求；三是加强教师团队的力量，确保教学活动第一线与规划保持一致；四是制订有效的教学质量评估方案，以确保质量的持续提升，提高教学效果，为了确保质量，高校应该严格遵守规划，并利用信息技术建立自动监测和反馈系统；五是严格遵守教学活动组织和管理。

（三）重新设计学生培养和管理方式，提高学生的能力和素质

在信息时代，人才的整体素质必须得到提高。因此，变革人员的教育方式和管理模式是十分必要的。信息为这一改革提供了可行性。在信息化时代，改革学生培养方式的主要目标是提高学生的学习能力和创新精神。

1. 教学中促进"参与式"

这种教学方法也称"合作学习"。它以提问式教学为核心，注重学生的自主思考能力，不设置标准答案，让学生有更多的机会去探索和发现知识，而不必完成大量的作业或论文。通过利用网络技术和计算机技术，学生可以收集到大量的信息，并通过回答提问来实现自主学习。通过获取信息、分析、处理和创造意见，学生不仅学会了如何利用网络解决各种问题，而且掌握了"问题"中的相关知识。因材施教旨在根据学生的不同特点制订出三个层次的教学和培训计划，以满足基本和综合应用研究推广的需求，并且设计出严格的学习计划，以期让每位学生都能获得最佳的发展。

2. 努力提升学生的实践能力，并通过实践教学来提高他们的社会技能

在资源匮乏的情况下，高校应该采取有效措施来提升实际教学水平。为此，高校通过运用计算机和网络技术，开发出一款虚拟实验室软件，让学生能在虚拟环境中完成实践操作，从而提高实际教学的质量。通过运用计算机软件，能在虚拟实验室中完成解剖青蛙等实验，这样不仅成本低廉，而且实验失败后能重新开始，学生能反复练习，直到掌握技能。此外，虚拟实验室还能模拟实验现场的情况，比如，肉眼无法看到的情况、实验过程的危险性或者实验环境的复杂性，以满足实验的需求。

3. 鼓励学生跨学科探索，以培养具有多元化知识和能力的人才

随着 IT 技术的发展，当今社会产生了大量新型学科课程，这些课程大多是由各个学科交叉融合而成的，因此高校应该积极探索跨学科教学机制，以培养跨专业背景，打破传统的学科专业教育壁垒，并汲取外国成功经验的跨学科教学经验，以提高毕业生的整体素养。高校通过提供多种跨学科课程，包括文学、理学、工学等多个领域，从而提高毕业生的整体理论研究水平和创新性。为了帮助学生更好地实现自身的学习目标，高校提供多种课程和教师，让他们可以按照自身的兴趣爱好开展自主学习。高校应该加强跨专业的教学，让他们跨越部门、学科专业和班级的界限，充分利用交叉学科专业的新成长点，积极开展多领域的合作，配置优秀的师资，构建多元化的模式，培养学生的创新思维，引导他们探索新的领域，全面发

展自身能力。

随着教育模式的变革，学生管理方式也产生了巨大变化。目前，许多院校采用学分制，这是在规划市场经济时期产生的管理模式，形式单一，过于严格，缺少共同约束力。在当今大数据信息时代，高校应当更加强调学生进行个性化管理，为此需要构建一个以学生为中心的教师管理系统，并组建一个学生服务管理中心。具体来说，高校需要构建心理咨询、急救救援、工作研究和学习指导机制，并组建相应的社区管理部门。此外，还需要构建一个基于学生宿舍的学生管理系统。本书作者认为，可以考虑取消班级制，由多名学生（建议 8~15 人）与辅导员组成一个整体。最后，邀请硕士研究生或高等级杰出大学生协助管理学生，以提高学生的学习效率和质量。采用这个模式，高校能为大学生进行全面的引导，帮助他们更好地掌握教学技能、负责管理自己的工作和进行专业的咨询服务，从而提升他们的综合能力，促进其积极发展。

第三节　微博在高校教育管理中的应用研究

随着社交媒体的发展，微博逐渐成为大学生获得、分享和传递资讯的主要途径，深刻地影响着他们的日常生活和学习方式。为此，高校有必要开发新的管理方式，借助微博来进行教育管理等各项工作。

一、微博的信息传播特点

（一）运用灵活，便于使用

微博是一种多功能的社交媒体，它可以让用户通过多种传播渠道实现文件、图片、视频的上传、观看、评价和转载，并且具有极大的灵活性，用户可以通过多种方式获取和传播信息，包括发布、关注、转载、评价、收集、私信、微群、问题探讨等。用户进行微博注册登记和使用等一些相关操作也非常简单，技术含量要求不高。它具有运用灵活、便于使用的特点。

（二）内容精练

"碎片化"的信息传播方式在当今社会中具有显著的优势,这种"碎片化"不仅仅是"碎",更重要的是"精",即内容的精炼性。这种"碎片化"精炼内容更加符合现代社会的信息需求,满足了人们在碎片化时间里的消费习惯。"碎片化"的信息传播不仅满足了信息社会的需求,而且能克服传统媒体的即时性和时效性的不足,它以完整的新闻内容和按照主流话语表达,而不受任何组织目标和指导原则的限制,来更好地满足公众的需求。博主在世界各地不断传播着新闻和评论,他们既是旁观者又是参与者,记录着生活中的点滴,表达着自己的思想和情感。

（三）背对脸交互信息传播

背对脸,形象地说就是一个人站在别人背后看着对方,双方之间没有互动。微博用户采用背对脸的跟随方式进行交流,他不需要主动和你交谈,他不主动和你说话。这种关系是单向的,一方不需要征求另一方的同意,一方已经选择了效仿的对象,那么其他的微博更新状态将显示在个人空间,可以是点对点,也可以是一个点对多个点。传统的单向大众传播缺少互动性,只能通过简单的信件、电话或其他形式的传递来实现。这些回应往往是落后的,缺少即时性和直接性。相比之下,微博可以弥补这些缺陷。

（四）实现群组讨论

微博用户可以以创建组的形式进行一个主题讨论。团体微博群,加入群组需要验证,管理员可以管理群组内的每个成员。小组是一个封闭的圈子,用户可以在里面畅所欲言,表达自己的意见,外面不能看到你,具有隐私保护功能。微博群是一个讨论组,可以在里面热烈讨论自己感兴趣的话题。

二、微博应用于高校教育管理面临的问题

（一）微博内容的多样性和多元性使得传统价值观受到了前所未有的冲击和挑战

微博的自由、开放式和资源共享性使大学生能轻松获取信息,但也带来了不同的思想碰撞和交融。然而,由于大学生接受新事物的能力有限,他们

很易于被虚假信息和不良信息所影响，从而削弱他们的主流意识。随着社交媒体的发展，一些不良思想的传播者利用微博传播负面、色情、暴力等信息，大学生的道德意识受到了严重影响，这给高校教育管理工作带来了极大的挑战。微博的开放式和隐私性使得大学生能在网络上自由表达他们被压制的情绪，而不必受到现实世界的限制。当大学生面临挫折和心理困惑时，许多人会在微博上分享自己的情绪和心态；当他们在现实生活中遇到不满时，也会在微博上发表自己的看法；当他们见到不公平的事件时，也会在微博上发言。微博已成为大学生表达不满、反抗权威的重要渠道，它不仅可以让他们发表自己的观点，还能激发他们的情绪。大学生的世界观、人生观和价值观受到微博上传播信息的负面影响，这种负面影响可能会导致他们对事物的正确看待受到限制。此外，由于"把关人"重要角色的不足，微博上的传播缺乏公信力，也不利于大学生自身的发展。

（二）微博的便利性和迅速性使高校在处置事件时面临更大的挑战

随着微博成为一个新型的网上平台的诞生，它的推广频率和范围都大大提高了高校对其的监控困难程度。由于微博上信息量庞大，很难辨别真伪，封锁负面信息也变得更加困难。在校园突发事件的传递中，微博的存在对高校原来的危机干预和处理造成了巨大影响，对维持社会和谐稳定也构成了挑战。由于微博网络平台的隐私性和开放性，情绪化、不负责任的言行屡见不鲜，尤其是当有少部分别有用心的人利用微博进行谣言传播时，由于微博的高度扩散功能，目前情况很难有效控制、判断和分析，这可能会导致大学生思维紊乱，从而诱发学校不稳定因子。根据最新的调查结果，65%的大学生在遭遇事件时会选择性地信任微博上的传言消息，而41%的大学生则会在私人微博上表达自己的观点。近年来，高校发生的严重事件数量不断增加，负面信息迅速蔓延，激起了整个社会媒体的强烈反响，受到了师生、公众和媒体的关注。如果事前重大舆情监控不够全面、不够准确，事中和事后媒体导向也不能及时、真实、准确，高校大型事件的处理就会变得更加困难。若出现失误，恐怕会造成更多的问题，进而扩大事态，造成意想不到的严峻结果。

三、运用微博进行高校教育管理工作的探索

（一）形成正向的舆论引导

为了有效地监测微博言行，有效阻止负面消息的传播，高校应该积极引导正确的舆论。同时，高校还应该加强对大学生的责任意识和法制教育，提高他们的自律能力，在网络上营造一种健康、文明、活跃、有趣的舆论氛围。教育工作者应该积极关注微博动态，并且引导学生积极参与探讨和转载有益于他们发展与成才的内容。如果微博上发现负面报道或议论，高校应该立即进行分析并采取措施处理，以避免潜在的影响。当发现一些不可靠的传闻时，高校应该尽快澄清事实，并说明真相。如果发现有人违反校纪国法，高校应该追溯原因，并对其进行调查。同时，高校应该敦促大学生尽快清除有误言行，以防止有误言行进一步扩散。在此过程中，高校应该认真调查并快速反应，对于有误言行积极加以驳斥，尽可能减少它们的影响。如果发现大学生在学习与生活中的疑虑和困难，高校应该尽快给予答复和解释。在突发事件发生时，高校应尽快利用微博发布有力的消息，把握舆论的主动权，与学生进行坦诚沟通，勇于承担责任，以此维护社会的稳定和安全。

（二）提高学校官方微博的质量

第一，微博管理必须集中在一个部门，形成一套完善的工程建设、管理和维护激励机制，强化对微博管理组织者的主导，确保人员和资金充足。第二，要形成严密的市场准入管理机制，对微博的信息内容和表现形式加以审查，从根本上保证微博的建设工作品质。第三，为了更好地管理发布时间，高校应该根据每个学生的日常作息时间选择提交信息内容，将各种文本教学活动和文娱性内容放到晚上或周末公布，这样不但能减少微博对课堂的影响，而且能有效地实现教育的多元化，填补课余时间学校教育的空白和不足。第四，为了保持微博的合理性、新鲜度和科学性，高校学生工作管理者应该及时调整那些长期不更新的微博，对信息内容不合理的微博要及时进行修正，对不符合发展需求的微博要及时撤并，以便让大学生在最青春、最有活力的时期得到充分关注，从而使教育更加有针对性、有效率。通过这种方式，师生可以尽可能地进行沟通。

（三）利用加强与学生的联系

1. 利用微博群组功能，培育学生的阅读兴趣

通过加强微博群组的功能，高校可以激发学生对阅读的兴趣。以院系、专业、班级、兴趣或者爱好为基础，师生可以随意组建自己的微博学习小组。利用相对封闭的微博学习小组，高校教师和学生在这里交流心得，畅谈感想。微博的优势在于不受国家、民族和地域的限制，使微博学习小组的成员可以在家中获取更多的知识，而不必出门寻找专家和学者的指导。

2. 采用微博作为媒介，实施个性化的课堂教学策略，以提高学习效果

个性化教学策略，就是按照不同教学对象特点去设计教学方式方法，达成教学目标的一种策略。大学生来自世界各地，他们的学习兴趣、喜好、学习水平、智能开发各不相同，因此，在教授不同课程时，他们的学习效果也会有很大的差异。为了满足这些差异的需求，教师应该主动引入微博工具，以便更好地实现个性化教学。通过微博互动，教师能更好地了解学生的学习特征，为个性化教学提供坚强的支撑。在课前，教师可以通过微博收集反映课堂教学效果的有关信息资料，进而了解教学对象的特点，为开展个性化教学打下良好的基础。微博作为课堂教学的一个十分重要而有益的补充，其与课堂教学过程进行有机融合，使微博不但成为学生学习的有用工具，也成为教师教学的重要手段，极大地提高了课堂教学效果，建立了高质量的教学互动评价体系。

3. 建立基于微博的协作学习机制

协作学习机制是指学生参加学习小组，为了实现共同的学习目标，通过激励机制，使学生个人与团体之间相互合作，从而实现学习成果的最大化。基于微博建立的协作学习机制，能突破课堂教学在时间和空间上的限制，使协作学习的稳定性和控制权得到了保证。作为新网络媒体，微博具有话题发起、群体共享等功能。采用学生交流和教师交流的形式，高校可以更好地合作教学。小组成员可以将学习中的探索、发现和有用资料同其他成员甚至与其他组或全班同学共享，教师可以通过指导的方式有效地控制协作学习的开展。微博作为一种即时通信工具，可以有效地将师生双方的知

识积累和教学反思融入高校课堂教学，不仅能提升大学生的自学能力和协作学习能力，还能锻炼教师的信息技术能力。

（四）推进校园文化建设

高校官方微博应该采用更加生动活泼、幽默风趣的语言，以便让学生更容易接受。为了更好地建设校园，可以开设贴近生活的栏目，并采用精美的图片和深刻的文字来改变原有的刻板印象，让大学生更容易接受新的信息。通过开设多姿多彩的校园文化活动，既保留认真严谨的态度，又不失新鲜活力，让学生在学习中获得乐趣，从而全面提升大学生的综合素质，这样才能真正实现教育目标。利用高校官方微博，可以搭建起与大学生交流、沟通的桥梁。特别是，在校园文化建设中，利用微博图文并茂地宣传精彩纷呈、各有特色的校园文化，树立和维护自身的良好形象，提高学校的知名度、美誉度。通过学生在微博中的留言和跟帖，高校可以更好地了解他们的思想动态，开展有针对性的校园文化活动。

第四节　新媒体技术对高校艺术教育的创新探索

一、新媒体技术的特点

（一）广泛性

新媒体的应用分布在各式各样的人群中，不仅仅是学生，还有商人、学者、收藏家、政府人员等。新媒体的普遍性能从它创造的多种信息内容和业务形态中得到反映，例如，微商城和文艺街区板块，它们能创造丰富的信息内容和业务，并且能实时可视化地传播信息。在大众文艺教育界，传播方式的多样性和信息内容的普遍性是非常重要的。单一的传播方式会让受众陷入思维僵化，失去创造性。新媒体资源通过网络变得更加广泛，能在不同学科、学校和地区之间供给教学资源，帮助学生跨越专业障碍，克服时空限制，满足用户对艺术学习的需要，大大拓展了新媒体在公共艺术教育界的应用范围。

（二）交互性

新媒体是一种具有交互性的自媒体，它可以让个人发布和传播内容。高校可以通过新媒体建立起互信、分享和反馈的交流机制，打破参与者的界限和时空的限制，使每个参与者都能成为网络中的一分子，从而实现信息的交流。新媒体应用方面，人工智能的服务实现了人机对话聊天等，新媒体的强大技术能力实现了人与机器之间的信息交互。

（三）非线性

在新媒体传播中，每个节点用户都可以发布或接收信息，他们可以通过新媒体进行信息传播，也可以通过搜索来获取和处理信息。这种多样性使得新媒体成为一种有效的信息传播方式。利用新媒体技术，观众可以根据自己的需求进行点播观看，信息不再是"自上而下"的线性传播，而是根据需求变为非线性传播。在高校艺术教育中，网络的课程资源随时进行点播，可以重复再视听。一堂课通过重复播放学习，学生会对课程知识点的理解和印象更加深刻。学生在学习某一知识点时，媒体系统可根据用户需求提供具有关联性的内容链接，学生可能进入"非线性"的学习过程，通过一个知识点而获得极大的外延，从而更加有效地增加艺术教育的深度和广度。

（四）动态性

随着计算机和网络的不断更新换代，多媒体技术、新媒体等科技革命不断推动着社会发展，从充分利用可视工具的多媒体技术到自主发表内容的自传播，再到运用大规模的新媒体，新媒体形态的变迁也在不断兴盛、消亡，它们不断地改变人们对社会的理解，从博客到微博再到微信，新媒体的创新与变革使其能以更加灵活的方式长期存在，这也正是时代发展的必然结果，它们的动态变化也正是时代发展的必然结果。因此，在高校艺术教育过程中，利用新媒体进行教学改革和创新是所有师生必须面对和思考的问题。

（五）效益性

随着新媒体移动终端便携性的提高和智能化，用户能在任何地点、任何时间即时性地实现互动沟通、娱乐和消息交流，从而充分利用碎块化时段获得资讯。新媒体能帮助人们更快地学习，提高学习效率。互联网提供了大量的教育资源，包括免费的在线教学开发工具、应用软件和电子书。

这些资源能够轻松拷贝和加载。相比之下，传统媒体（如书籍和期刊）需要花费一定的时间才能阅读，而且阅读完后发现内容不多，扔掉可能会感到浪费。

新媒体能在数据流中发挥重要作用，它不仅能有效地传播信息，而且不会造成污染或浪费，还能提供多种形式和内容。通过新媒体，学生能获得专业知识，而且成本低廉，甚至于能零花费；课堂教学也不再受制于空间的限制，变得更为简单；教师能充分利用网络资源，避免大规模复制性操作，将资源和注意力投放到信息融合、教案制作等方面，并且能利用新媒体技术创新教学方式，进而改善课堂教学，提升质量。为了提升效果，高校必须做好网络平台设计和保护，这将要求投入一定的财力和人力。但是，如果高校能利用现有的网络、硬件、科技和人员，那么从投入产出比来看，效益将是巨大的，而创新带来的效益更是不可估量的。

（六）多元性

新媒体的出现极大地改变了人们的交流方式，在这个平台上，不同的观点和价值观可以相互碰撞，形成多元的思想，从而产生"去中心化"和"去权威化"的环境，使人们能更加深入地理解一件事情。随着新媒体的发展，艺术教育教学中的知识观点不再局限于标准答案，教师也不再以权威的身份要求学生，而是更加多元化地传播信息，使知识的传授和学习过程变得更加有趣、丰富。新媒体的发展不断推动着信息的发布、传播和呈现，使艺术教育教学更加多样化、更加有效。

二、新媒体与高校艺术教育的双向需求

（一）高校艺术教育需要新媒体

对比新媒体和传统媒体的特点，不难看出新媒体的优势所在。高校艺术教育对新媒体有着迫切需求，主要由以下几个方面决定。

1. 时代发展的形势

新媒体已经渗透到了大学生的日常生活中，施教者应该勇敢地站在时代前沿，并以科学合理的方式运用它，以便更好地满足学生的需求。

2. 教学思维的变革

新媒体时代带来的是新的人际关系的重构和学习方式的创新，在这种形势下，必须大胆地、主动地迎接变革带来的挑战，这需要思考、探索出符合时代潮流的教学新思维。

3. 新技术的吸引力

新技术以满足人们的基本需求为出发点，为大学生提供了更加优质的体验，这种魅力针对愿意接触新奇东西的学习者而言是一种强大的动力，而高校艺术教育也需要借助这种动力保持教学的活力和有效性。

（二）新媒体在高校艺术教育中再创造

新媒体的特殊就在于它不再仅仅是一种单纯的技术。它在制造、传播新的文化同时成为新文化的构成部分。新媒体背景下，传统艺术教育正在发生解构，而新的艺术教育正在建构[①]。新媒体在被运用于艺术教育的过程中，通过新媒体与艺术的优势互补，运用艺术手段创造出更加丰富的新媒体表现形式，科技与艺术的融合能够创造出富有意趣的新媒体艺术，容易被大众社会文化所接受[②]，而产生出更多、更广泛的人文和经济价值。通过在高校艺术教育中应用新媒体，也使新媒体获得了广阔的发展途径和广泛的用户群体。

三、新媒体对大学生高校艺术教育的作用

（一）辅助艺术教学

对于传统教学，教师一般都是口述表达传授知识，以及借助多媒体展示教学。但是多媒体更多的是文字和图片展示，而艺术的教学更偏重于示范。比如，绘画的教学，必须教师亲自绘制模特，展示绘画技法，学生才能获取绘画的技法和技巧。又如，音乐理论知识的学习，很多时候要借助很多

---

① 徐韵，康健. 论新媒体时代艺术教育的策略创新［J］. 南京师大学报（社会科学版），2011（5）：109-112.

② 葛小华，贺珂. 新媒体艺术推进当代艺术教育教学改革的创新性研究［J］. 美与时代，2014（7）：32-33.

层次的音色、音准对比，才能区分出正确的唱法。

新媒介的应用能大大改善高校艺术教育，它能提供各种动态、静态和比较的教学方式。例如，新媒介录像课程能提供各种剪辑片段的比较，并且能提供立体式的音色、音响试听感受，这样传统、单一的理论表述就很难取得很好的传播效果和学习效果。新媒介的出现为高校艺术教育带来了更多的可能性，教师能利用各种方法，如声音、图像和动作，将课程变得生动有趣。此外，通过创新的排版方式和时尚流行的网络语言，课程也能更具魅力，获得寓教于乐的教学效果。新媒体科技在艺术教学中充分发挥着作用，它不仅注重学生的体验，还能提高教学效果。通过对大数据的分析，新媒介可以更好地了解学生在公共艺术课堂上的热点、偏好和行为，并为教师提供参考。这将有助于教师更好地调整教学内容和方式，从而提高教学质量。

（二）丰富艺术实践

新媒体的便捷性、广阔的宣传领域和迅速的传递效率，使得它成为高校大学生艺术实践的重要渠道，为他们创造了多姿多彩的实际机遇。高校艺术教育是美育的重要组成部分，美育的过程需要通过对艺术的实践来完成，需要更多的实践对象参与艺术体验。

随着新媒体技术的不断发展，新的 App 应用为艺术学习带来更多实践的可能。比如，微速写、微素描、微色彩等，可以随意进行创作和获取一定的效果。艺术教育类 App 不断被研发制作，并在网络提供下载，可以预期未来还会有更加丰富的应用被创造出来。

对于校园艺术实践，横向说是大学生在校园进行理论的艺术化创作，纵向说是将新媒体更好地结合理论进行艺术化表达和传播。新媒体的交互性、多元性和效益性能很好地适用于校园艺术实践。在新媒体中启发学生的自觉意识，使之找到新的感知和传达方式[①]，学生不仅可以通过新媒体的技术优势在现实的艺术活动中得到诸多体验，还能在体验之后将实践完成

---

① 王雪. 浅析新媒体艺术在当代高校艺术教育中的价值转向［J］. 信阳师范学院报（哲学社会科学版），2012（32）：59–62.

的作品通过新媒体进行分享，这样的互动能有效地促进艺术实践者之间对作品的认知和对艺术的感悟，达到较高的教学效果。

（三）营造校园氛围

新媒体在大学文化艺术中扮演着重要的角色，它对于建立良好的校园氛围至关重要。因此，大学应该结合新媒体时代的需求和人类发展的新趋势，将线上和线下的活动有机结合起来，以创造出一个网上繁盛、线下活泼的校园文化环境。由于新媒体的普及，越来越多的年轻用户开始使用它，这些用户的社交圈子也在不断扩大，这使他们之间的沟通变得更加频繁和便捷。强大的媒介力量使得一个公共话题能迅速引起广泛关注，并最终引发热烈讨论。通过引入新媒体，我们可以为学生提供个性化的定制资讯服务，并将学术讲座、文化沙龙和艺术展演等信息精准地推送给他们。这有助于展示传播优势。随着新媒体的发展，越来越多的媒体应用和平台为大学生提供了丰富的信息和内容，这不仅有助于他们更好地组织文化社团活动，而且也为他们提供了更多的交流和学习机会，也为他们展现才艺和发展专长创造了机会。在新媒体平台上，信息传播灵活、更新周期短、内容鲜活，操作方式更便捷，有利于营造良好的校园学习、生活、文化氛围[①]。

（四）促进思想教育

高校艺术教学在于培养学生的社会审美意识，提升他们的艺术鉴赏力和美学素质。"美育"是其中一个重要的工具，它强调并普及艺术基础理论。新媒体的运用是一种将艺术与技术结合起来的传播方式，但由于新媒体的应用发展时间较短，因此在思想教学方面，高校需要更多的内容和形式来投放，并建立更多的平台进行交流。"美育"的发展需要新媒体的支持。早期，新媒体通过商业开发来满足大众的娱乐需求，后来开发出了订阅式应用程序，并逐渐在思想教学方面发挥作用，比如，通过权威公众号发布具有思想内容的信息。这些输出在一定程度上成为影响学生思想的主要因素，

---

① 李莹莹. 新媒体环境下大学校园文化的特点及变化规律［D］. 南京：南京理工大学，2014.

增强了思想教育的实效性[①]。

教育部在大学生网络平台申报项目中取得了巨大成功，许多高校开始建立立体化的校园网络平台，为学生提供了更多的就业机会、政策指导和资讯发布等服务。这些平台已经取得了显著的效果。

校园新媒体的建设旨在为大学生提供一个求知、探索、传播的平台，以及一个组织动员的舞台，以此来提升大学生的思想修养。通过利用各种网络平台的优势，进行典型宣传、热点透视和舆论引导，以美育为基础，增强大学生对社会现象的认识和了解，从而更好地服务于大学生，促进学生的全面发展。

四、新媒体在大学生高校艺术教育中的发展前景

随着新媒体的发展，它早已变成了一种时尚的信息传递方式，并且正在深入大学生的学习和生活中。各方数据显示，大学生对于通过新媒体接收信息的满意度比传统课堂教学更高。

随着时代的快速发展，新媒体也已变成教育非常重要的组成部分，它不仅承载着丰富的教学内容，而且承担着繁重的教育任务，有着强大的潜力。

（一）新媒体环境下高校艺术教育的发展趋势

新媒体不仅有传统媒体的一些优势，还有许多新的功能。新媒体与高校教育管理工作和艺术教学工作相结合，将会对高等教育形成积极影响，促进教育改革和发展。随着新媒体的普及，大学生艺术教育工作的蓬勃发展将会出现显著的变化，这一趋势可以预见以下变化。

1. 突破教学时空限制

随着移动终端的普及，大学生高校艺术教育的场所和时间发生了巨大的变化，通过网络和多媒体手段，不仅能进行远程沟通、即时交互，还能带来丰富的教学内容，让学生在多种空间、多个屏幕、多种角度参与艺术

---

① 吴建军，石菊红，段江燕. 新媒体在研究生思政教育中的应用与问题分析：以山西师范大学为个案［J］. 中国教育信息化，2013（11）：5-8.

教育，为他们的学习和实践带来了无限可能。新媒体的信息流传播和阅读可以突破地域性、时间性限制，可以长时间地有效转载。学生不再受限于固定的课时，而是可以有效地利用碎片化时间，这将成为一种新的学习方式，让随时随地学习成为一种现实。

2. 师生关系变化

教师不再作为知识的施教者和学术权威，学生也不再只作为被动的知识接受对象。教师的角色从传授知识转变为引导学生探索、整合和构建知识，帮助学生培养艺术素养，让他们有更多的自主选择教学的时间，以兴趣为驱使，积极参与探索研究，勤于动手解决问题，这将有助于鼓励学生的学习兴趣，从"要我学"到"我想学"。在新媒体环境下，师生关系的变化将有助于实现"教学相长"。

3. 个性化教育

大学生是追求独立个性的群体，高校艺术教育人性化到个性化之间转变，以往的高校艺术教育可能更多突出通识教育的功能，没有能力满足学生个性化的教育需求 ①。在新媒体环境下，基于数字技术和云计算等大数据功能，可以通过掌握学生的学习情况，由教师进行分析，甚至由计算机进行分析，进而有针对性地拟订学习计划，实现个性化的数字教学，这将更有利于做到因材施教。随着新媒体的发展，文化和艺术作品被视识化、图像化和片段化。在这个新媒体时代，重现过去和艺术成为审美需求的表现。"分众化"和"小众化"的特征更能满足用户对个性化服务的需要。

4. 促进创新

飞速发展的新媒体技术不仅带来技术层面的革新，而且必然能促进艺术形态向更新、更宽广的视听角度展开创新。以 VR 设备为例，这种带来虚拟现实的视听感受必然促使人们从全新的思维角度去进行创造，不论是创作艺术作品还是教学、实践，更多新媒体技术的创新和突破会带来全新体验。因而，从事高校艺术教育的教师可以充分利用新媒体技术尝试为学生带来创新性教学，如用 VR 设备感受《春江花月夜》的中国极致古典之美。

---

① 陈以欣. 新媒体艺术教育初探［J］. 设计，2013（2）：228–229.

新媒体带来的教学模式变革，将有力地推动大学生艺术教育在课程设置、教学手段、人才培养、教育实践等方面的创新①。通过新媒体，能够更好地整合校内外和学科间的教学资源，多学科融合带来的知识交流、思想碰撞，可以使大学生在综合性的课程设置中提升思维能力和艺术素质，促使学生具备多媒融合的策划意识与创作能力②。

（二）新媒体环境下大学生高校艺术教育的契机

新媒体的出现大大改善了传统媒体传播方式的局限性，它的抽象性、广泛性和创新性使大学生能更加自由地选择和互动，为他们提供了一个更加符合大数据时代特征的学习平台，从而更好地欣赏美、创造美。新媒体环境下，高校艺术教育领域的开发和应用是高校美育的主流趋势。利用好新媒体手段，可以提高学生的学习热情；利用好新媒体优势，可以开阔学生的学习视野；利用好新媒体技术，可以优化教学方法；利用好新媒体功能，可以提高学生创意性思维③。

1. 新媒体使高校艺术教育进入"全觉"时代

独特的表现方式和全新的艺术语言，这是新媒体技术为丰富人类艺术宝库而做出的贡献。新媒体技术不仅能满足人们的视听需求，而且随着技术革新和经济发展，视听以外的更多人类感觉正在被一一重视并予以满足。从视觉、听觉延伸到嗅觉、触觉，艺术教育过程的体验不断被改善，由此可以进一步填补一些过往无法开设的艺术门类课程，从而完善高校艺术教育课程体系。

2. 新媒体可以真正实现大学生在高校艺术教育中的主体地位

新媒体的出现改变了原有媒介的方式，让消费者有了更多的自由选择权。消费者能按照自身的学习兴趣和爱好来自由选择艺术内容，这不但调动了他们对美术教育的主观积极性，也为他们提供了更多的机会去创造自己的艺术作品。在教学过程中，他们能在教师的指导下自主探索、实践、创新，

① 高薪茹. 新媒体艺术语境下艺术教育的挑战与展望［J］. 艺术教育，2014（8）：20-22.
② 廖晔. 新媒体艺术教育的现状与思考［J］. 衡阳师范学院学报，2006（27）：174-176.
③ 徐颖. 刍议新媒体环境下的公共艺术教育［J］. 赤峰学院学报，2013（34）：254-255.

并且能自由地参与各种学习活动，从而获得更多的知识和技能[①]。

　　新媒体越来越受到人们广泛的重视，在视觉文化和微阅读时代紧密结合的环境下，将时代的特点与人群的群体意识结合在一起。不同专业、不同阶段的教师和学生都在努力尝试使用和开发新媒体的功能，以期在教学过程中获得更大的效果。在新媒体环境下，艺术教育可以在师生之间、不同专业之间展开合作，超越时间和空间进行分享、交流，这种合作与分享可以是多层次，也是交互式的，参与者在这个过程中被赋予新的意义和身份认同，获得不同的体验[②]。随着新媒体时代的到来，人们不仅享受到了它带来的福利，而且创造出了更多的精彩，这让人们更加热衷于在新媒体领域投入更多的资源，以推动其发展壮大。

　　必须认识到，新媒体技术不仅仅是技术手段，它更为人们带来传播方式的革新与思维方式的升级。利用新媒体技术来辅助高校艺术教育的教学过程，其最终的目的在于激发师生的想象力、创造力。发挥强大的教学辅助功能不过是新媒体技术应用于高校艺术教育的方式，随着科学技术的进一步发展，在未来的高校艺术教育领域，新媒体技术不再局限于辅助，而是发展为一种新型的新媒体教学模式，以满足未来大学生人才培养的教育需求。

　　① 贺志. 新媒体在大学生课堂教学和课后学生自主学习中的应用探索［J］. 大众科技，2015（17）：150-151.
　　② 林三芳. 新媒体时代艺术教育的挑战与创新［J］. 四川师范大学报，2011（38）：167-170.

参考文献

［1］陶增骈. 高等教育管理［M］. 沈阳：辽宁人民出版社，1987.

［2］陈孝彬. 教育管理学［M］. 北京：北京师范大学出版社，1990.

［3］胡锦涛. 高举中国特色社会主义伟大旗帜为夺取全面建设小康社会新胜利而奋斗［M］. 北京：人民出版社，2007.

［4］魏传义. 艺术教育学［M］. 重庆：重庆出版社，1990.

［5］贺志朴，姜敏. 艺术教育学［M］. 北京：人民出版社，2001.

［6］彭吉象. 艺术学概论［M］. 北京：北京大学出版社，2009.

［7］程春云. 艺术教育概论［M］. 昆明：云南大学出版社，2009.

［8］李泽厚，汝信. 美学百科全书［M］. 北京：社会科学文献出版社，1990.

［9］郭声健. 艺术教育论［M］. 上海：上海教育出版社，1999.

［10］朱光潜. 朱光潜全集（第4卷）［M］. 合肥：安徽教育出版社，1987.

［11］梁启超. 梁启超全集（第7册）［M］. 北京：北京出版社，1999.

［12］聂振斌. 儒学与艺术教育［M］. 南京：南京出版社，2006.

［13］舒新城. 近代中国教育史料［M］. 北京：中国人民大学出版社，2012.

［14］朱狄. 当代西方美学［M］. 北京：人民出版社，1984.

［15］张吉良，刘明敏. 人文素质教育教程［M］. 济南：山东人民出版社，2013.

［16］张道一. 艺术学研究［M］. 南京：江苏美术出版社，1995.

［17］（德）福禄培尔. 人的教育［M］. 孙祖复译. 北京：人民教育出版社，1991.

［18］李金福. 艺术教育管理学［M］. 昆明：云南大学出版社，2004.

［19］贺志. 新媒体在大学课堂教学和课后学生自主学习中的应用探索［J］.

大众科技，2015（17）：150–151.

［20］林三芳. 新媒体时代艺术教育的挑战与创新［J］. 四川师范大学报，2011（38）：167–171.

［21］康翠萍. 关于教育管理本质的再探讨［J］. 教育理论与实践，2000（2）：27–34.

［22］孙绵涛. 关于教育管理本质的探讨［J］. 华中师范大学学报（哲学社会科学版），1998（3）：68–72.

［23］张晓黎. 北京大学艺术教育的传统、现状和未来［J］. 思想政治教育研究，2011（10）：137–139.

［24］吴志宏. 探讨新世纪教育管理学研究的走向［J］. 华东师范大学学报（教育科学版），2002（2）：1–5.

［25］陆志华，徐建洪. 当前高校学生工作"边缘化"倾向刍议［J］. 扬州大学学报，2004（4）：54–56.

［26］田汉族，孟繁华. 从行政化到去行政化：大学管理本质的回归［J］. 高校教育管理，2011（3）：11–16.

［27］沙靖宇. 高校思想政治工作体系建设探析［J］. 边疆经济与文化，2010（2）：191–192.

［28］刘丙元. 教育性：学校管理的始点与旨归［J］. 教育发展研究，2007（18）：1–4.

［29］万朝晖. 大学生人文素质教育初探［J］. 中国成人教育，2007（10）：7–8.

［30］张均瑶. 马克思主义哲学中的人文关怀［J］. 人民论坛，2011（02）：236–237.

［31］丁晓华，李承敬. 学生社会实践活动与专业实践技能培养［J］. 重庆科技学院学报（社会科学版），2010（2）：159–161.

［32］郭声健. 艺术教育中的异化问题［J］. 人民教育. 2004（5）：65–69.

［33］彭吉象. 艺术教育中国梦［J］. 艺术教育，2013（10）：14–15.

［34］王朝晖. 高职院校艺术教育课程设置改革［J］. 艺海，2014（6）：164–165.

［35］陈依使. 试谈经典艺术作品鉴赏的思想教育功［J］. 南平师专学报，2005（3）：154–156+85.

［36］许焱. 校园环境建设的德育承载功能［J］. 江南论坛，2010（05）：51–52.

［37］庞海芍. 大学公共艺术教育面临的困境与出路［J］. 中国高教研究，2005（12）：77–78.

［38］吴婷. 中美高等院校艺术教育理论与实践比较研究［J］. 美与时代，2011（8）：31–33.

［39］徐颖. 刍议新媒体环境下的公共艺术教育［J］. 赤峰学院学报，2013（34）：254–255.

［40］徐红. 普通高校公共艺术教育规范化建设刍议［J］. 高教探索，2008（2）：110–114.

［41］徐韵，康健. 论新媒体时代艺术教育的策略创新［J］. 南京师大学报（社会科学版），2011（5）：109–112.

［42］葛小华，贺珂. 新媒体艺术推进当代艺术教育教学改革的创新性研究［J］. 美与时代，2014（7）：32–33.

［43］王雪. 浅析新媒体艺术在当代高校艺术教育中的价值转向［J］. 信阳师范学院报（哲学社会科学版），2012（32）：59–62.

［44］吴建军，石菊红，段江燕. 新媒体在研究生思政教育中的应用与问题分析——以山西师范大学为个案［J］. 中国教育信息化，2013（11）：5–8.

［45］陈以欣. 新媒体艺术教育初探［J］. 设计，2013（2）：228–229.

［46］高薪茹. 新媒体艺术语境下艺术教育的挑战与展望［J］. 艺术教育，2014（8）：20–22.

［47］廖晔. 新媒体艺术教育的现状与思考［J］. 衡阳师范学院学报，2006（27）：174–176.

［48］何天香，杨惠良，范新亚，等. 当前形势下大学生教育管理新机制的初步探索［J］. 教育实践，2020（3）：161.

［49］何奕璋. 高职院校兼职教师教育管理效能提升机制研究［J］. 高教学

刊，2020（15）：119–123.

［50］陆玮. 基于青年教师创新能力培养的高校教育管理探讨［J］. 老字号品牌营销，2020（1）：117–118.

［51］吴贺男，余柳莹. 信息技术背景下高校行政教育管理创新研究［J］. 青年与社会，2020（1）：221–222.

［52］汲金励. 大数据背景下高校教育管理信息化建设探索［J］. 中国管理信息化，2020（23）：232–233.

［53］贺志. 新媒体在大学生课堂教学和课后学生自主学习中的应用探索［J］. 大众科技，2015（17）：150–151.

［54］林三芳. 新媒体时代艺术教育的挑战与创新［J］. 四川师范大学报，2011（38）：167–170.

［55］丁兆丹. 济大事者，必以人为本［N］. 光明日报，2022–08–26–02.

［56］黄建珍. 对目前我国普通高校音乐教育模式的分析与反思［D］. 厦门：厦门大学，2008.

［57］李爱真. 我国普通高校音乐教育管理模式探析［D］. 北京：首都师范大学，2006.

［58］李莹莹. 新媒体环境下大学校园文化的特点及变化规律［D］. 南京：南京理工大学，2014.

［59］周芳. 艺术教育在大学生素质教育中的作用研究［D］. 长沙：湖南农业大学，2010

［60］汪一丁. 新建本科院校高层次人才引进策略的研究与实践［J］. 教育与职业，2015（1）：35–37.

［61］汪一丁. 协同创新视角下高校人事人才管理机制研究［J］. 教育与职业，2014（7）：34–36.

［62］汪一丁. 论道家"无为"思想对高校去行政化的启示［J］. 现代教育科学，2016（2）：9–12.

［63］汪一丁，雷春香. 从文化自觉视角看网络语言对大学生的影响力［J］. 语文建设，2013（4）：45–46.

［64］汪一丁，黄俊鹏. 应用型高等院校的师资队伍建设研究［J］. 中国成

人教育，2016（5）：86–88.

［65］汪一丁，王伟英. 应用技术大学"双师型"师资队伍建设研究［J］. 教育与职业，2015（10）：62–65.

［66］梅沁芳. 创业教育与高校思想政治教育结合的关键要素分析［J］. 理论导报，2012（3）：41–42+57.